NISARGADATTA GITA

Si este libro le ha interesado y desea que lo mantengamos
informado de nuestras publicaciones, puede escribirnos a
comunicacion@editorialsirio.com,
o bien registrarse en nuestra página web:
www.editorialsirio.com

Título original: The Nisargadatta Gita
Traducido del inglés por José Carte
Diseño de portada: Editorial Sirio, S.A.

© de la versión original en inglés
  Pradeep Apte

© de la traducción
  José Carte

© de la presente edición
  EDITORIAL SIRIO, S.A.

EDITORIAL SIRIO, S.A.	**NIRVANA LIBROS S.A. DE C.V.**	**DISTRIBUCIONES DEL FUTURO**
C/ Rosa de los Vientos, 64	Camino a Minas, 501	Paseo Colón 221, piso 6
Pol. Ind. El Viso	Bodega nº 8,	C1063ACC
29006-Málaga	Col. Lomas de Becerra	Buenos Aires
España	Del.: Alvaro Obregón	(Argentina)
	México D.F., 01280	

www.editorialsirio.com
sirio@editorialsirio.com

I.S.B.N.: 978-84-16233-84-7
Depósito Legal: MA-1476-2015

Impreso en Imagraf Impresores, S. A.
c/ Nabucco, 14 D - Pol. Alameda
29006 - Málaga

Impreso en España

Puedes seguirnos en Facebook, Twitter, YouTube e Instagram.

*Cualquier forma de reproducción, distribución, comunicación pública o transformación de esta
obra solo puede ser realizada con la autorización de sus titulares, salvo excepción prevista por la
ley. Diríjase a CEDRO (Centro Español de Derechos Reprográficos, www.cedro.org) si necesita
fotocopiar o escanear algún fragmento de esta obra.*

PRADEEP APTE

NISARGADATTA GITA

TRADUCIDO Y EDITADO POR JOSÉ CARTE

editorial Sirio

Nota introductoria

Hace dos años mi amigo Edward Muzika, *Edji* –discípulo de Robert Adams– descubrió este libro y habló de él en tono admirativo. Cito a Edji:

> Este es uno de los libros espirituales más grandes de todos los tiempos [...] Este es un manual de meditación de primer orden. Lee una o dos páginas al día, medita sobre el sentido de las palabras de Maharaj, luego cierra los ojos e intenta encontrar tu «yo».

Lo leí inmediatamente y me puse en contacto con el autor, Sri Pradeep Apte. De ahí esta traducción.

Muchos han sido los seguidores de Nisargadatta Maharaj que nos han dejado muestras de sus discursos: Jean Dunn, Stephen Wolinski y Robert Powell en Occidente y Maurice Frydman, Ramesh Baselkar, S. K. Mullarpattan y Pradeep Apte en la India. Sri Pradeep Apte ha realizado un notable trabajo de difusión del mensaje de Nisargadatta Maharaj en los últimos años: es el autor del libro *Citas sobre el YO de Nisargadatta Maharaj*, que se puede leer en inglés en Internet en formato de libro electrónico; editó en inglés, junto a Vijay Deshpande, el excelente libro sobre Maharaj *Yo no he nacido* (*I am Unborn*), del que existe traducción castellana; desde 2010 gestiona un blog sobre Nisargadatta Maharaj, donde se pueden ver varios vídeos sobre Maharaj, y el presente libro, *Nisargadatta Gita*, publicado en inglés por primera vez en 2008.

Creo que esta obra es una magnífica introducción a Nisargadatta Maharaj para quien no esté familiarizado con su mensaje. Considero también que se trata de un perfecto manual de meditación tanto para quienes ya conozcan el mensaje de Nisargadatta como para los que no. Eso sí, no aconsejo a los lectores que lo lean de principio a fin de una sentada. Mejor seguir el consejo de Edji que he citado anteriormente: lee una o dos páginas y medita sobre ellas.

Y no lo dudes: lo que leas te va a afectar. Como decía Maharaj: «Mis palabras van a surtir efecto necesariamente en quien las escuche».

Terminaré con el mensaje que el amigo Ed Muzika dirigió a Pradeep Apte: «Su *Nisargadatta Gita* es *la mejor exposición de Maharaj que haya leído nunca*. Permita que me incline ante usted en señal de agradecimiento».

Para concluir esta breve nota, quisiera citar también las palabras de John Wheeler, uno de los más conocidos maestros del Vedanta moderno, quien escribió a Pradeep Apte: «Deseo darle las gracias por el modo en que ha descrito el YO SOY. Sus descripciones son como cuadros o como música que tocan el núcleo de nuestro ser».

Yo también quiero expresar mi agradecimiento a Sri Pradeep Apte y, claro, al gran jnani *Sri Nisargadatta Maharaj.*

J. Carte

Prólogo

El comienzo

Lo que estoy intentando evocar tuvo lugar hace cincuenta años. Muchos aspectos aparecen en mi memoria bastante vagos y confusos, pero otros muy claros. Lo primero que puedo recordar es la prevalencia de un vacío total; no sabía nada en absoluto. No puedo describir ese estado de otra manera que consistente en un olvido total; no había ningún sonido, ni luz, ni colores; ¡nada! Desde mi concepción hasta ese momento habían transcurrido casi tres años. Hasta entonces, todo se había desarrollado por su cuenta; no había habido ninguna pregunta ni voluntad por mi parte. Me dijeron que durante ese periodo padecí algunas enfermedades, accidentes y lesiones; debieron de haber sido tan molestos y dolorosos como puedan serlo ahora, pero en esos tiempos yo no lo sabía.

Y de repente, espontáneamente, sin que hubiese sido necesario ningún esfuerzo por mi parte, un día, y de un modo instantáneo, supe que «yo era». Tuve la sensación de «ser»; sentí el «yo soy». Todo lo que sabía era ese «yo soy». ¿Cuándo? ¿Dónde? ¿Cómo? Lo desconocía. A una con esta sensación, apareció en mí la conciencia del espacio. Me hallaba en un lugar interior; probablemente una habitación. Distinguía una plataforma lateral, una especie de sofá, sobre la cual había un gran espacio rectangular; era una ventana, a través de la cual estaba entrando la luz. Debían de ser alrededor de las ocho o las nueve de la mañana. Ahora puedo describir todo esto. En esos momentos no sabía nada; tan solo veía la luz, el espacio y los objetos. Esta fue mi primera experiencia de «conocimiento», y pronto volví a estar sumido en el «no conocimiento». Estos dos estados, el de conocer o «yo soy» y el de no conocer o «no soy», eran todo lo que había. Los estados de vigilia, soñar y sueño profundo aún no existían para mí; los adquirí mucho más tarde.

Las descripciones que siguen se refieren tan solo a esos estados incipientes, los de «yo soy» y «no soy». No sé exactamente cuánto duró esta etapa; probablemente alrededor de un año. Por favor, recuerda que ahora puedo ofrecerte estas explicaciones con el sentido del lenguaje bien desarrollado y, por supuesto, gracias a mi memoria, que creo que es razonablemente buena.

Para empezar, recuerdo una niña y un niño pequeño que siempre iba vestido como una niña. Jugué mucho con la niña; no parábamos de correr ni de reír. Teníamos probablemente la misma edad. Vivíamos en un valle rodeado de muchas montañas. Corríamos a lo largo de los arroyos y había un puente que cruzaba uno de ellos; a menudo íbamos a jugar bajo ese puente. Un día corrimos por ahí totalmente desnudos y chapoteamos en el agua –el arroyo era poco profundo–. Nada de esto tenía ningún sentido, pero era una vida libre de preocupaciones, en la que nos divertíamos mucho y no había exigencias ni deseos. En una ocasión, mientras explorábamos las pequeñas lomas cercanas, nos encontramos con un hombre no muy mayor que estaba paseando enfundado en un pijama kurta y una chaqueta. Nos miró intensamente y después dibujó una gran sonrisa en su rostro, nos acarició con una palmadita en la cabeza y siguió con su paseo. También recuerdo un enorme árbol baniano junto al que acudían multitud de personas, que armaban mucho barullo. Cuando íbamos por allí, esas personas nos agarraban, nos abrazaban y nos besaban, entre muchas risas.

Asimismo acostumbraba a ir a una sala a la que acudían también otros niños. Un hombre moreno y calvo que llevaba un *lungui* blanco y una camisa solía llevarnos a las orillas de unos arroyuelos, donde nos decía que recogiéramos guijarros con distintas formas. Una mujer rolliza era la encargada de servirnos la comida, en un comedor que estaba detrás de nuestra casa. Grandes grupos de niños éramos conducidos a lo alto de una colina y nos hacían mirar el ocaso en completo silencio. Allí a veces volví a ver la misma mirada complacida de ese hombre no demasiado mayor que nos habíamos encontrado en las lomas. Su silencio parecía ahora bastante diferente y estaba inusualmente tranquilo. Recuerdo que en una ocasión esa niña y yo nos colamos en una gran sala donde una multitud de personas estaban escuchando a ese mismo hombre, que hablaba suavemente desde una tarima. Nosotros dos éramos muy inquietos, de modo que empezamos a juguetear, reír y crear mucha agitación. Yo corrí hacia el hombre que estaba en el estrado; me planté frente a él y lo miré. La niña, empujándome por detrás, me hacía reír. El público se había distraído, la charla se había visto perturbada y en la primera fila había un inglés que nos miró enojado. Justo entonces, de repente, el hombre del estrado me agarró y me sentó en su regazo. Me calmé al instante, completamente pacificado. Después, prosiguió con su charla.

A día de hoy puedo añadir mucha información respecto a esos episodios, a partir de lo que me contaron mis padres. Ese lugar era Rishi Valley School, una de las escuelas más importantes del gran maestro espiritual Jiddu Krishnamurti. Mi padre era profesor de música en ella, el lugar donde se ubicaba el árbol baniano era el teatro famoso de la escuela y el hombre que paseaba tranquilamente y luego me tomó en sus rodillas era el propio Krishnamurti.

¿Cuáles fueron los hechos más destacables de ese periodo? Ante todo, yo no tenía ni idea de quién era yo ni de dónde estaba; tampoco de quiénes eran mis padres. No sabía que había algo llamado vida ni algo llamado muerte. No tenía ninguna conciencia de mi propio cuerpo, puesto que no sabía qué o cuándo comía, o que lastimarse producía dolor. Las únicas dos cosas que recuerdo muy claramente eran que yo o bien «era» o bien «no era»; me hallaba o bien en un estado de conocimiento —el estado «yo soy»— o de no conocimiento —el estado «no soy»—. No tenía ningún sentido del tiempo ni conocía los estados de la vigilia, el soñar y el sueño profundo, ni que había algo llamado rutina diaria, o el ciclo de la mañana, el mediodía, la tarde y la noche.

Por encima de todo, la característica más sobresaliente de ese estado era la ausencia total de cualquier verbalización en forma de lenguaje o palabra. Debía de haber algún término suelto en maratí, mi lengua materna, en inglés o en telugu, pero no tengo ningún recuerdo de ellos y apenas podían considerarse expresiones lingüísticas dotadas de significado. Los estados de conocimiento («yo soy») y de no conocimiento («no soy») eran totalmente no verbales y tenían lugar de un modo espontáneo, sin que yo tuviese ningún control sobre ellos; no había ninguna participación de mi voluntad. También podemos decir que estos dos estados son el de la ignorancia («no conocimiento») y el del conocimiento.

El condicionamiento

De ahí en adelante, es decir, desde la edad de cuatro años hasta los cuarenta, mi vida ahogó por completo, y casi llegó a borrar, aquel comienzo. Fue la vida de un niño y después un hombre perfectamente condicionado... Esa es la manera en que funcionan las cosas si se siguen las tradiciones impuestas por la sociedad. Durante ese periodo de treinta y seis años, e incluso hasta el día de hoy, jamás me he encontrado con ninguna persona que me indicara que me había equivocado por completo. Nadie me dijo a las claras que no soy quien yo creo ser, nadie me ha comentado nada acerca de mi verdadera identidad y nadie ha dejado caer siquiera una indirecta sobre eso. Al contrario; ha sido al revés. Me han convencido completamente de que soy tal persona, que ocupa esta determinada posición social y tiene este rol social que cumplir. Sin embargo, no culpo a nadie de ello; es la manera en que funcionan las cosas. Todos hemos sido diseñados o condicionados para encaminarnos al mundo exterior, al mundo de ahí fuera. Muy pocos se dirigen hacia la vida interior y son los más raros entre los raros quienes han realizado su principio interior. De modo que una persona normal tiene una escasísima probabilidad de encontrarse en esta vida con alguien que haya alcanzado la realización o que incluso se haya convertido en el principio interior.

En este contexto, lo que yo viví en esos treinta y seis años no tiene mucha relevancia. Ha sido una de tantas historias de alguien que ha tenido un éxito medio. De todos modos, durante ese periodo, adopté unas pocas cualidades que me han venido bien después. En primer lugar, adquirí un enorme interés por la lectura; en segundo lugar, conseguí una buena destreza como escritor y editor; en tercer lugar, algo que me llegó naturalmente, y se ha desarrollado en mí a lo largo de los años: un aguzado sentido de la observación.

El vagabundo

Yo leía y seguía leyendo sin parar, pero fue a eso de los cuarenta años cuando descubrí *La república* de Platón; esto marcó un punto de inflexión en mi vida. Los diálogos socráticos desencadenaron mi proceso; se puede decir que fueron mi primer «campamento base». Después seguí «escalando», del mismo modo en que lo hacen los alpinistas en el Everest, y créeme si te digo que cuando acampaba lo hacía con firmeza, sin dejar nada por explorar en cada campamento base. En cada una de esas acampadas lo leía y estudiaba todo detalladamente; en ocasiones, tomaba apuntes y realizaba anotaciones, e incluso daba charlas para aclarar mi propia comprensión. En aquella época, conseguir algunos de los libros era una verdadera odisea; pero, al final, normalmente me las apañaba para obtenerlos. La llegada de Internet lo hizo todo mucho más fácil; ahora se puede lograr una enorme cantidad de información al momento, algo realmente difícil en mis primeros años de búsqueda.

No obstante, que dejase un «campamento» no significaba que lo abandonase para siempre, sino que experimentaba un trasiego constante entre los distintos campamentos, ya que percibía lazos de similitud o de armonía entre sus diferentes aspectos. Enumero aquí el listado de los «campamentos»:

- Sócrates
- Swami Ramdas[1]
- Swami Jnaneshwara[2]
- Ramakrishna
- Sri Aurobindo
- J. Krishnamurti
- Osho
- U. G. Krishnamurti
- Eckhart Tolle
- Ramana Maharshi
- Sri Ranjit Maharaj
- Sri Nisargadatta Maharaj

Omito mencionar los incontables «subcampamentos» en los que hice escala a lo largo del trayecto, pero que fueron de gran ayuda durante mi búsqueda espiritual. Desde aquí expreso ahora mi admiración a todos esos maestros de quienes aprendí tanto y a los que siempre apreciaré; reciban mi reverencia todos ellos. Cómo llegué a cada «campamento» constituye una historia en cada caso, entre las cuales solo deseo narrar una, la última, la correspondiente a Sri Nisargadatta Maharaj.

Ocurrió que en la primera semana de febrero de 2004 visité el centro Krishnamurti en Sanyadhri, cerca de Poona, en la India. Mientras ojeaba los libros en la biblioteca del centro, encontré *Yo soy Eso* (*I AM THAT*), basado en las charlas de Sri Nisargadatta Maharaj. Empecé a leerlo y no pude parar. Desde el comienzo sentí que era pura dinamita. Cuando hube terminado de leerlo, supe que la cima no estaba lejos y que muy probablemente ese sería el último campamento en que haría escala antes de llegar a la cumbre.

La génesis

Me pareció que los discursos de Sri Nisargadatta Maharaj llegaban muy a lo profundo y que muchas cuestiones hasta entonces vagas para mí se aclararon por completo. Era como cuando las nubes se dispersan y dejan ver el cielo azul. Tras leer *Yo soy Eso*, de Maurice Frydman, leí nueve libros más, que prácticamente cubren todas las charlas. Fueron los siguientes:

- *Semillas de la consciencia*, *Antes de la consciencia* y *La consciencia y el absoluto*, todos ellos editados por Jean Dunn.
- *La experiencia de la nada*, *El néctar de la inmortalidad* y *La última medicina*, los tres editados por Robert Powell.
- *Más allá de la libertad*, editado por Maria Jory.
- El libro electrónico creado por Vijay Deshpande y editado por mí mismo *Yo no he nacido* (en otra traducción castellana, *Soy innacido*).

PRÓLOGO

- El libro de Mark West *Destellos de Nisargadatta* (*Gleanings from Nisargadatta* es el título en el original).[3]

En todas estas obras el tema del «yo soy» es predominante, de modo que en la primera fase me puse a recopilar todas las citas relacionadas con ello. El proceso me llevó bastante tiempo. En total recopilé quinientas setenta y dos citas, de las cuales quinientas veintiuna se pueden leer en el libro electrónico gratuito que publiqué y que se puede conseguir en varios sitios de Internet.

Solo bastante tiempo después pude procurarme el libro de Mark West, del que extraje cincuenta y una nuevas citas. Estas citas están incluidas en el *Nisargadatta Gita*.

Lo que realmente me dio el empuje para preparar este volumen fue el anhelo de despejar una duda que siempre me había atormentado. En mi vida nunca había conocido a un gurú verdadero vivo y me preguntaba: «¿Es que no van a servir de nada todas mis lecturas y el estudio de las enseñanzas de estos grandes sabios?». Esta duda se aclaró cuando estaba editando *Yo no he nacido*, donde Sri Nisargadatta Maharaj contesta precisamente esta pregunta planteada por uno de los visitantes:

V: ¿Pueden los libros reemplazar a un gurú?
Maharaj: Sí; los libros pueden reemplazar a un gurú. En algún momento usted también llegará a ser gurú y se dará cuenta de que los libros no valen nada. El gurú es alguien que conoce el comienzo, la continuidad y el final de su vida y comprende por completo la mente sobre la que el entorno ejerce tan gran impacto.

Esta respuesta me supuso un gran alivio y lo será también para muchos que, como yo, nunca han estado cerca de un gurú viviente en su vida.

En una segunda fase, comencé el proceso de condensar las citas, con la idea de que al reducir las palabras a un mínimo —sin falsear su sentido, claro— la potencia de la expresión aumentaría aún más. Tras llevar a cabo esta reducción, me quedé con doscientas treinta y una citas, algo más de un tercio de las quinientas setenta y dos del comienzo.

En la fase final escribí un comentario sobre cada cita, y así nació el *Nisargadatta Gita*.

Verás que solo tiene un capítulo, «Yo soy», que representa a la vez el primer capítulo y el último. Mi objetivo con este libro es que sirva para meditar y enfocar la atención sobre el «yo soy» y, si es posible, trascenderlo.

Bueno, y entonces ¿qué influencia ha ejercido Nisargadatta Maharaj sobre mí, que ha resultado en un cambio tan grande? Pues bien, mi vida ha dado un giro completo. La experiencia que cuento en este mismo prólogo, en «El comienzo», se ha convertido en un hecho muy importante en mi vida. Nunca había pensado en ello ni me había dado cuenta de que allí estaba la clave de la redención de todos nosotros.

Pradeep Apte

*Dedicado al Gran Maestro
Sri Nisargadatta Maharaj*

Nisargadatta Gita
El canto de Sri Nisargadatta Maharaj
Yo soy: primer y último capítulo

1. El «yo soy» está ahí desde el principio; siempre está presente, siempre a nuestra disposición. Rechaza todos los pensamientos excepto el de «yo soy» y permanece ahí.

Comprender el «yo soy», tu conciencia de «ser» o de «estar presente», es tremendamente importante, ya que en esto radica el peso total de la enseñanza de Maharaj. En primer lugar, ¿eres consciente de tu «ser» o del hecho de que «eres»? Tienes que «ser», que existir, antes de que nada sea. Tu sentido de «presencia» o de que «eres» es fundamental para lo que sigue a continuación.

Segundo punto: esta conciencia de «ser» o de que «eres», el «yo soy», ¿no fue acaso lo primero que aconteció antes de que ninguna otra de tus experiencias vitales pudiera tener lugar? Regresa con la mente al instante en que por primera vez te diste cuenta de que «eras», el instante en que fuiste consciente del «yo soy». Este «yo soy» todavía está contigo, siempre presente, siempre disponible; fue y todavía es el primer pensamiento. Rechaza todos los otros pensamientos; regresa ahí y permanece ahí. E intenta comprender y empaparte de este «ser» o yoidad que es inherente a ti. Cuanto más claro y en detalle lo veas, más rápido será tu progreso.

2. Tan solo instálate y permanece estable en el «yo soy». Rechaza todo lo que no tenga que ver con el «yo soy».

Tras haber comprendido el «yo soy» en todas sus formas, el siguiente paso es permanecer ahí, establecerse en la conciencia de «ser» y no desviarse de ella en absoluto. En el preciso instante en que comienzas a pensar en cualquier otra cosa, puedes estar seguro de que se han agregado añadidos sobre la base del «yo soy» y de que, por tanto, este ha perdido su pureza. Rechaza cualquier cosa que signifique «yo soy tal y tal», porque todo ello son contaminantes y que no tienen que ver con la conciencia básica de ser; no pertenece a ella.

3. Constantemente, con perseverancia, separa el «yo soy» del «esto» o «aquello». Tan solo ten en mente la conciencia «yo soy».

Esto que dice Maharaj no es tan fácil como suena; implica trabajar duro, y tu constancia y perseverancia serán claves para tu éxito. Se trata de separar el «yo soy» de «yo soy esto o yo soy aquello», o incluso de «yo soy tal persona». Todo esto no son sino añadidos y han sido cargados sobre ti por otras personas y por la sociedad misma. Todos estos adjuntos y apéndices colocados tras el «yo soy» pueden tener cierto valor en la vida diaria, pero si tu meta o tu búsqueda es la eternidad, se convierten en impedimentos.

Deberás separarlos del «yo soy» y conservar en la mente tan solo tu sensación de presencia o «yo soy».

4. El «yo soy» constituye la única certeza. Es impersonal y todo conocimiento nace de ahí; es la raíz de todo. Aférrate a él y deja que el resto se vaya.

Justo desde el instante en que descubriste que «eres» hasta este día, sabes que «tú eres». Todo el resto de añadidos vinieron y se fueron. Son impermanentes. Pero el «yo soy» fundamental ha permanecido inmutable y es tu única certeza. El «yo soy» es impersonal, no usa palabras, no pertenece a nadie, es común a todos. En el instante en que supiste que «tú eres» no conocías las palabras ni el lenguaje; estos vinieron más tarde.

Basándote en este «yo soy» no verbal, más tarde fuiste capaz de expresar verbalmente «yo soy» en cualquier idioma que aprendiste. Luego, de este minúsculo, extremadamente pequeño «yo soy» creció el conocimiento y se desarrolló vertiginosamente, hasta alcanzar proporciones inmensas. Así pues, todo el conocimiento nace del «yo soy», el cual es el fundamento, la base, el origen, la raíz de todo. Debes aferrarte a este «yo soy» y abandonar el resto.

5. De algo estás seguro, del «yo soy». Es la totalidad del ser. Recuerda que «tú eres», esto es suficiente para sanar tu mente y trascenderla.

Si de algo estás ciertamente seguro es de que «tú eres»; ¡solo después tiene lugar todo lo demás! Nunca antes de eso. Puesto que el «yo soy» es la base de todo y es común a todo, ¿no constituye entonces la totalidad del ser? Deja todo de lado y regresa a la sensación de «presencia» o de «ser», en toda tu pureza; ello sanará tu mente. El uso del término *sanar* por parte de Maharaj es muy importante, ya que claramente sugiere que la mente, o todo lo que después se ha amontonado sobre el «yo soy», es una enfermedad que necesita curarse. Esta cita también insinúa que hay algo más allá del «yo soy».

6. *El «yo soy» es; es siempre fresco, siempre acaba de nacer. A todo el resto se llega por deducción. Cuando el «yo soy» desaparece, lo que queda es el Absoluto.*

La conciencia de «ser» siempre está ahí, tan fresca como el primer día. Nunca te abandona; siempre está disponible para ti. En cualquier estadio en que se encuentre tu vida, esta conciencia se ha quedado contigo sin cambiar, inmutable. Las circunstancias, las relaciones, la gente, las ideas, etcétera, todo lo que no es esa conciencia ha ido cambiando. Todo eso nació por inferencia, pero el «yo soy» ha permanecido y se ha mantenido sin cambios a través de esas turbulencias. ¿Qué ocurrirá cuando el «yo soy» desaparezca? ¿Qué permanecerá entonces? La insinuación de la cita anterior ahora cobra énfasis: permanecerá lo que está más allá del «yo soy», el Absoluto.

7. *Presta toda tu atención al «yo soy», que es una presencia intemporal. El «yo soy» lo cubre todo. Vuelve a él una y otra vez.*

Utiliza tu memoria para regresar en el tiempo al punto donde te diste cuenta de que «eres», sin ayuda de palabras. En aquel entonces, ¿tenías sentido del tiempo? ¿Sabías quién eras o quiénes eran tus padres? ¿Tenías conciencia de en qué ubicación geográfica te encontrabas? No sabías nada de eso; eras una presencia intemporal. Conocías, sí, el espacio que vino de la mano del «yo soy», pero no conocías el tiempo. El «yo soy», en su estado puro, constituye una presencia intemporal que lo cubre todo. Regresa a este «yo soy» infinito y carente de palabras tan repetidamente como puedas.

8. Aférrate al «yo soy» y ve más allá de él. Sin el «yo soy», serás feliz y estarás en paz.

En este momento posees el «yo soy». Aférrate a él, porque es el único medio que tienes de ir más allá; no dispones de ningún otro. Sí, se trata de ir «más allá», pues ¿qué te ha ofrecido el «yo soy» sino conflictos y penalidades? Llegó, se identificó con tu cuerpo y te convertiste en un individuo. Ahora recorre el camino inverso: acude al «yo soy», trasciéndelo y serás feliz, estarás en paz.

9. Aférrate al «yo soy» excluyendo el resto. El «yo soy» que está en movimiento crea el mundo, mientras que el «yo soy» que está en paz se transforma en el Absoluto.

Deja de lado todo lo demás y tan solo aférrate al «yo soy». Observa su poder, sus inquietudes y sus movimientos, los cuales han creado el mundo y con él toda esta confusión y sufrimiento. Regresa al «yo soy» y deja que el «yo soy» permanezca en el «yo soy». Entonces se aquieta y desaparece. En ese momento hay paz, ya que tan solo queda el Absoluto.

10. La inmortalidad es estar libre de la conciencia «yo soy». Para obtener esa libertad, permanece en dicha conciencia. Es sencillo, no es nada sofisticado, ¡pero funciona!

La conciencia «yo soy» se halla en estado latente cuando nacemos, y aparece espontáneamente, más o menos, a la edad de tres años. Es la esencia de los cinco elementos[4] que componen el cuerpo (también llamado por Maharaj el «cuerpo de alimentos»). El cuerpo es una limitación, y mientras el «yo soy» se identifique con él no hay posibilidad de libertad y la muerte es segura. La eternidad o la inmortalidad solo es posible cuando eres libre del «yo soy». Para que tu libertad crezca debes ir tras el «yo soy», comprenderlo, permanecer con él y trascenderlo.

A juzgar por el inmenso caudal de literatura espiritual disponible hoy en día, entender el «yo soy», estabilizarse en él y trascenderlo parece una *sadhana* (práctica espiritual) demasiado sencilla, pero ¡funciona!

11. El «yo soy» aparece espontáneamente en tu Estado Verdadero. No conoce las palabras y puedes utilizarlo para ir más allá.

Tu conciencia de ser llegó a ti sin tú haberlo deseado. Vino por su propia cuenta y cuando llegó no hubo lugar para las palabras ni las preguntas. A pesar de que no utiliza el lenguaje, si observas detenidamente la conciencia «yo soy» te puedes aferrar a ella; entonces se puede convertir en un camino para ir más allá, hasta tu verdadero estado.

12. El «yo soy» te trajo hasta aquí, el «yo soy» te sacará de aquí. El «yo soy» es la puerta. ¡Quédate junto a ella, porque está abierta!

Claramente, la conciencia «yo soy» juega el papel de puerto de entrada o portal a través del cual entraste en este mundo. Por tanto, puede jugar el rol de puerta de salida. ¡Y es la única salida! Permanece allí y verás que esta puerta está siempre abierta; nunca estuvo cerrada. A menos que regreses al «yo soy» y te establezcas en él durante un tiempo suficientemente largo, no llegarás a conocer la verdad de este hecho.

13. Debes estar necesariamente ahí antes de poder decir «yo soy». El «yo soy» es la raíz de todas las apariencias.

Definitivamente tuvo que existir un sustrato en el cual la conciencia «yo soy» pudiese surgir; era, en aquel entonces, una conciencia desprovista de palabras. Tan solo cuando aprendiste un idioma pudiste decir «yo soy». Junto con el «yo soy» carente de palabras vinieron también el espacio y el mundo, así que el «yo soy» está en el origen de todo lo que percibes.

14. El «yo soy» es el eslabón permanente en la sucesión de hechos que llamamos vida. Quédate solamente en este eslabón y ve más allá de él.

Durante la concepción, el nacimiento y la primera infancia, que marcan el comienzo de tu ser, el «yo soy» permanece latente.

Hacia los tres años tiene lugar la aparición espontánea de la conciencia «yo soy», en un estadio todavía no verbal. Sobre este cimiento de la conciencia «yo soy» se construye una gran estructura de palabras, ideas y conceptos; el «yo soy» se convierte muy pronto en «yo soy tal y cual», etcétera. El puro «yo soy» se contamina; sobre él se apilan hechos, desde la niñez hasta la vejez.

Sin embargo, durante toda esta sucesión de hechos el «yo soy» permanece en la base; nunca deja de estar ahí. El «yo soy» es el nexo ininterrumpido que une toda tu vida, de modo que regresa a él, establécete en él e intenta trascenderlo. Ahí está tu verdadero ser.

15. El «yo soy» es la suma total de todo lo que percibes. Está atado al tiempo y es, en sí mismo, una ilusión. Tú no eres el «yo soy»; eres previo a él.

Puesto que el «yo soy» es el eslabón permanente a través de todos los acontecimientos de tu vida, es absolutamente obvio que comprende la suma total de todo lo que percibes. Es la base misma de tu percepción; sin el «yo soy» no existe la percepción. Pero este «yo soy» es una ilusión, ya que, como en un sueño, se ha aposentado sobre ti y un día desaparecerá. Todo lo que aparece y desaparece no puede ser verdadero, y como eres testigo del «yo soy», estás separado de él. No puedes ser el «yo soy», sino que tienes que ser anterior a él.

16. El «yo soy» es a la vez tu mayor enemigo y tu mejor amigo. Es tu enemigo cuando te ata a la ilusión del cuerpo, y tu amigo cuando te rescata de la ilusión del cuerpo.

Cuando la conciencia «yo soy» apareció en ti, te engañó para que creyeras que eras el cuerpo, y más tarde que eras «tal persona». A medida que pasó el tiempo, fue reforzando todavía más la ilusión y dio origen a todo tu sufrimiento. En este sentido es tu enemigo. Pero ahora el maestro te dice: regresa al «yo soy», compréndelo, permanece ahí, hazte su amigo, o, mejor aún, haz que sea tu guía, tu dios o tu gurú. Así, el «yo soy» te ayudará a romper la ilusión y él mismo te llevará al origen.

17. El «yo soy» es el comienzo y el final del conocimiento. Presta atención al «yo soy»; una vez que lo comprendas, te encontrarás separado de él.

Cualquiera que sea el volumen del conocimiento, debe comenzar con el conocimiento o concepto primario «yo soy».

El «yo soy» es el primer conocimiento; después viene un segundo, un tercero, un cuarto y así, sucesivamente, se va construyendo el laberinto estructural de conocimiento. Debes regresar, volver sobre tus pasos en el laberinto; si lo haces correctamente, terminarás en el «yo soy». Presta toda tu atención a este «yo soy». Poco a poco llegarás a comprenderlo, así como todas sus implicaciones. Cuanto más clara sea tu comprensión de lo que es el «yo soy», más manifiestamente estarás separado de él.

18. Debes meditar en el «yo soy» sin agarrarte al cuerpo ni a la mente. El «yo soy» es la primera ignorancia. Persiste en tu meditación y llegarás más allá de él.

Lleva toda tu atención al «yo soy»; medita en él. Intenta hacerlo dejando por completo el cuerpo y la mente de lado. Al comienzo, el cuerpo y la mente se resistirán a que te centres en el «yo soy», pero con algo de práctica automáticamente dejarán de interferir. Recuerda que el «yo soy» te ha embaucado haciéndote creer en lo que es irreal, así que podemos decir que constituye la ignorancia primigenia. Debes seguir constantemente al «yo soy»; solo entonces podrás ir más allá de él. De lo contrario seguirá jugando contigo, una y otra vez.

19. Tu gurú, tu dios, es el «yo soy». Cuando vino, con él llegó la dualidad y toda la actividad. Permanece en el «yo soy». Tú eres preexistente a la aparición del «yo soy».

Todo el proceso de la percepción y toda actividad se basan en la dualidad: el sujeto y el objeto, el observador y lo observado, el ejecutor de la acción y el acto. Fue solo tras la aparición del «yo soy» cuando comenzaron la actividad y la dualidad. Así que el «yo soy» lo desencadenó todo. Persigue el «yo soy», permanece ahí; solo entonces te darás cuenta de que preexistes a la noción del «yo soy».

20. El concepto «yo soy» es el último puesto fronterizo de la ilusión. Aférrate al «yo soy», asiéntate en él y dejarás de ser un individuo.

Al salir de cualquier país, en la frontera se encuentran los puestos de control, y más allá es «tierra de nadie», hasta que llegas a los puestos de control del otro país. De igual modo, al abandonar este «país» o ilusión el «yo soy» es el único y último puesto de control; no hay otro camino de salida. Permanece en este puesto; establécete ahí, en el «yo soy». Cuando lo hagas, dejarás de ser un individuo.

21. Sin tener que hacer nada, ya gozas de la conciencia «yo soy». Ha llegado a ti espontáneamente y sin que tuvieses que desearlo. Permanece ahí y desmenuza ese «yo soy».

Por favor, date cuenta de la belleza de este hecho: la conciencia «yo soy» vino a ti sin ningún esfuerzo por tu parte; llegó por su propia iniciativa, sin tú desearlo. Este «yo soy» también se irá por sí mismo, sin pedirte permiso o avisarte. Pero antes de que esto ocurra establécete en el «yo soy» y desmóntalo, liquídalo. De ese modo no habrá muerte para ti.

22. Por usar un símil financiero, el único capital de que dispones es el «yo soy». Es el único instrumento que puedes utilizar para resolver el enigma de la existencia. El «yo soy» se encuentra en todos y en todo, y el movimiento es inherente a él.

Es posible que hayas ganado mucho dinero, puede que incluso hayas establecido un imperio, pero eso no vale nada comparado con el valor del «yo soy». En realidad, la conciencia «yo soy» es el único capital y la única herramienta que posees para descifrar el rompecabezas que representa la vida, que a veces te confunde y te abate por completo. La conciencia «yo soy» está presente en todos y su esencia es el movimiento. El tipo de actividad o expresión que pueda presentar depende de la combinación de los cinco elementos y las tres cualidades.[5]

23. Sé solamente el «yo soy», nada más que el «yo soy». El «yo soy» apareció sobre el estado de homogeneidad en que te encontrabas. Quien se libra del «yo soy» se ve liberado. Tú existes antes que el «yo soy».

Eres absolutamente libre y homogéneo, y no tienes forma. Sobre este estado apareció el «yo soy» y después te embaucó, haciéndote creer que tú eres el cuerpo y la mente. Para poder regresar a tu verdadera naturaleza debes permanecer en el «yo soy», solo ser; eso es todo. El «yo soy» es lo que se encuentra más cercano a tu verdadera naturaleza, así que permanece allí. Quédate en el «yo soy» sabiendo que no eres el «yo soy», sino anterior a él.

24. Venera el principio «yo soy», que habita en ti. Es el «yo soy» el que nace, es el «yo soy» el que morirá. Tú no eres ese «yo soy».

El principio interior «yo soy» que ha aparecido en tu verdadero ser, es el que nace y el que morirá. Pero tú no eres el «yo soy». Sin embargo, para llegar a comprenderlo y trascenderlo debes venerarlo, permanecer constantemente a su lado. Solo entonces se sentirá contento contigo y te liberará de sus garras.

25. *Permanece concentrado en el «yo soy» hasta que caiga en el olvido. Entonces lo eterno es, el Absoluto es, Parabrahmán es.*[6]

Dejando todo lo demás de lado, sin permitir que nada más entre en tu mente, permanece centrado en el «yo soy» con toda la seriedad que te sea posible. Mantente centrado o meditando en el «yo soy» hasta que se pierda en el olvido. Si tu esfuerzo es sincero y ferviente, es seguro que el «yo soy» desaparecerá, porque esta forma es su perdición. Aquello que quede será tu verdadero ser o tu verdadero yo; podemos llamarlo la Eternidad, el Absoluto o Parabrahmán.

26. *La conciencia «yo soy» es el germen del nacimiento en este mundo. Investígala y al fin te establecerás en el Absoluto Parabrahmán.*

La conciencia «yo soy» es la creadora de todo. Le gusta afirmarse una y otra vez; crea por puro amor a su propia existencia. Este principio era inherente en tus padres, en tus abuelos y así sucesivamente. Fue el «yo soy» de tus padres el que se sintió atraído hacia sí mismo y condujo a tu procreación y al «yo soy» que mora en tu interior. El «yo soy» es el germen del nacimiento; prolifera en la naturaleza y se perpetúa por todas partes.

Investigarlo o tratar de averiguar cómo apareció el «yo soy» en ti no solo te conducirá al Absoluto, sino que te asentará en él.

27. *Todo conocimiento, incluido el del «yo soy», carece de forma. Arroja el «yo soy» lejos y permanece en la quietud.*

La raíz de todo conocimiento es el «yo soy». Es el punto de partida y carece de forma; de ahí que todo conocimiento sea carente de forma. Haz repetidos esfuerzos por regresar al conocimiento del «yo soy», apréhendelo y luego despréndete de él.

El «yo soy» es resbaladizo y esquivará tus esfuerzos, pero tú persiste y permanece después en el silencio y la quietud que reinan cuando se ha ido.

28. Antes de que nacieras, ¿dónde estaba el «yo soy»? No contamines el «yo soy» con la idea del cuerpo. Tú, como Absoluto, no eres el «yo soy».

¿Qué eras antes de nacer? ¿Dónde estaba el «yo soy»? Tú eras «Nada» y el «yo soy» no existía. Sobre esta Nada o Vacuidad apareció el «yo soy» y se ha contaminado con el concepto del cuerpo.

Ahora, con ayuda de tu discernimiento tienes que someterte a un proceso de descontaminación: libera al «yo soy» de la idea del cuerpo, permanece ahí y ve más allá, ya que tú, como el Absoluto, no eres el «yo soy».

29. Cuando el «yo soy» está ausente, no se necesita nada. El «yo soy» desaparecerá junto con el cuerpo y lo que queda es el Absoluto.

Antes de que el «yo soy» apareciese, ¿tenías alguna necesidad o alguna exigencia de algo? Ninguna en absoluto. Todas tus exigencias comenzaron con la llegada del «yo soy». Y ¿qué es este «yo soy» en realidad? Nada, excepto la esencia de los cinco elementos que conforman el cuerpo. El «yo soy» depende del cuerpo; es tan impermanente como él y se irá con él, de modo que ninguno de los dos es verdadero. ¿Qué queda entonces? Solo el Absoluto.

30. No solo debes tener la convicción de que «eres», sino también de que estás libre del «yo soy».

En el camino hacia el autodescubrimiento se dan claramente dos etapas. La primera es la comprensión de la conciencia «yo soy» y establecerse allí. Tienes que desarrollar la fuerte convicción de que «eres» y quedarte ahí. ¿Qué pasa después? Poco a poco, a medida que te asientas en el «yo soy», se da la segunda fase: la de darte cuenta de que tú permaneces separado del «yo soy», ¡de que estás libre de él! Tú no eres el «yo soy», sino su testigo. Así pues, mantenerse en el «yo soy» y trascenderlo es la clave de toda la *sadhana* (práctica espiritual).

31. Recuerda tan solo el conocimiento del «yo soy» y abandone al resto. Si permaneces en el «yo soy», te darás cuenta de que no es real.

Cualquier elemento que se haya añadido al conocimiento básico y fundamental del «yo soy» ha destruido su pureza. Deja al margen todo lo que se le ha apegado y recuerda solamente el «yo soy» en toda su pureza. Debes perseguirlo con ahínco y para eso tienes que residir en él, permanecer en él todo el tiempo. En este proceso te darás cuenta de que el «yo soy» depende de algo, es destruible y por lo tanto irreal, ya que lo que es real es independiente e indestructible.

32. Comprende que la conciencia «yo soy» apareció sobre ti y que todo son sus manifestaciones. Si entiendes esto, te darás cuenta de que no eres el «yo soy».

La conciencia «yo soy» ¿llegó acaso porque la aceptaste o la deseaste? ¿Dependió de un acto de voluntad? Mirando retrospectivamente no parece que sea el caso. Simplemente tuvo lugar ese instante en que supiste que «eras» y desde entonces la sensación del «yo soy» ha ido reforzándose en ti. «Yo soy tal persona» se fue incrustando en ti, y a ello le fueron siguiendo todo el resto de las actividades de tu vida.

De ahí, entonces, ¿no se puede concluir que el «yo soy» ha creado tu mundo, en vez de haber acontecido lo contrario?

El «yo soy» apareció en ti pero tú estás separado de él. Tan solo eres su testigo y no participas en absoluto en sus actividades.

33. Cuando el concepto «yo soy» desaparezca, no quedará en ti recuerdo alguno del «yo fui» y «yo tuve esas experiencias». El mismísimo recuerdo será borrado.

El «yo soy» es precisamente la semilla de la memoria. Toda información pasa por él; constituye la base de la mente. Necesariamente se cansa y entonces viene el sueño; si no pudieses dormir, morirías.

Pero el sueño no quiere decir que el «yo soy» se haya ido del todo. Solamente se encuentra en suspenso; tras el sueño, se ha refrescado y comienza su actividad de nuevo, manteniendo la continuidad. No es extraño entonces que si alguien nos llama en voz alta mientras dormimos, nos despertemos de pronto y respondamos, sin necesidad de pensarlo: «¡Soy yo!».

La muerte física es el alejamiento total del «yo soy»; no queda nada de él. Para la persona realizada que ha trascendido el «yo soy», los recuerdos y el «yo soy» están a su disposición. Puede utilizarlos o no, pero ya no los tiene «incorporados». Solo la persona realizada puede comprender este estado.

34. Con la llegada del concepto primario «yo soy» comienza el tiempo; con su alejamiento termina el tiempo. Tú, como Absoluto, no eres ese concepto primario «yo soy».

El «yo soy» es el arranque, el inicio, el preciso comienzo de todo, incluido el tiempo. En realidad todas las mediciones que efectuamos en nuestra vida empiezan con el «yo soy» y todas ellas, incluido el tiempo, terminan cuando se va.

Es el concepto primigenio sobre el que se construye la gran mansión del resto de los conceptos. El «yo soy» y el espacio aparecieron simultánea y espontáneamente en ti, que eres el Absoluto y estás separado de ellos.

35. Cuando conoces tanto el «yo soy» como el «no ser», eres el Absoluto, que está por encima de la conciencia del yo y de la ausencia de dicha conciencia.

Cuando te estabilices durante un tiempo largo en el «yo soy», también te darás cuenta del estado «no soy». Dicho de otro modo, habrá un estado de conocimiento y un estado de no conocimiento. Pero ambos son estados de la consciencia pura y constituyen el comienzo de la dualidad.

La llegada del concepto «yo soy» implica que el «no soy» está oculto en él; o, dicho de otro modo, el conocimiento del «yo soy» tiene implícito el no conocimiento de él. Ambos son opuestos, van emparejados y van siempre juntos; es imposible separarlos.

Pero tú eres el Absoluto que trasciende a ambos. Tú eres el testigo de ese par de estados ya que únicamente aparecieron en ti, si bien nunca te pertenecieron y no son más que una ilusión una ilusión.

36. Aparición y desaparición, nacimiento y muerte, estas son cualidades del «yo soy». No te pertenecen a ti, el Absoluto.

La llegada, la aparición o el nacimiento y el partir, la desaparición o la muerte son todas cualidades del «yo soy», de la consciencia o del ser, que han surgido en tu verdadera naturaleza solo aparentemente. Tú eres el Absoluto y ninguna de esas cualidades te pertenecen; en realidad nunca han existido, aunque parece que sí lo han hecho.

37. El «yo soy» o el ser han surgido de la nada; pero no existe el individuo. La conciencia «yo soy» —no el individuo— debe regresar a su fuente, a su origen.

Resulta muy difícil formular en palabras cualquier descripción del estado anterior al «yo soy», al estado del ser. Algunas de las expresiones que ha utilizado la tradición hindú y de otros países son: la nada, el vacío, la totalidad, la vacuidad, la eternidad o incluso el Absoluto o Parabrahmán. Cualquiera que sea el término utilizado, parece ser que lo que ha ocurrido es que el «yo soy» ha aparecido en ello, de modo que a veces se dice que eso es la fuente u origen del «yo soy». El individuo aparece en escena mucho más tarde. A medida que vas para atrás, es el puro «yo soy» o el puro hecho de ser lo que queda, de modo que es este «yo soy» el que debe volver a su origen. No hay ningún individuo en ninguna parte; no existe.

38. A través de la meditación en el «yo soy», poco a poco la conciencia «yo soy» se va asentando en su origen y desaparece. Entonces tú eres el Absoluto.

Debes centrarte por completo en el «yo soy». Constantemente, sin descanso, sigue meditando en él. Cuando nos centramos en un objeto durante un tiempo prolongado, es muy probable que el objeto al fin desaparezca; debe ocurrir así por el proceso de transformación en los opuestos. Cuando se pasa de «ser» a «no ser», del «yo soy» al «no soy», cuando esto ocurre nada queda. Entonces tú eres el Absoluto, silencioso, inmóvil; no experimentas ningún movimiento o experiencia.

39. Persevera en la concepción del «yo soy» sin palabras. Debes convertirte en eso y no desviarte de ahí ni por un instante. Entonces desaparecerá.

La conciencia del «yo soy», a la que debes regresar, es la primerísima que apareció en ti y que te llevó a saber que «eres». En ese instante no sabías nada sobre las palabras ni sobre el lenguaje; esa conciencia de ser fue no verbal. Ahora tendrás que aplicarte para atrapar ese estado de nuevo. Es un estado que ya has vivido; fue el periodo que abarcó desde la aparición del «yo soy» hasta cuando te enseñaron a comunicarte por medio de las palabras. Retorna a ese estado y no te salgas de él ni por un momento. Debes volver a vivirlo; solo entonces lo comprenderás y ¡desaparecerá!

40. Junto con el abandono de la experiencia primigenia «yo soy» todas las experiencias desaparecerán. Solo el Absoluto permanece.

La aparición de la conciencia de ser o, lo que es lo mismo, de la conciencia no verbal «yo soy», fue tu experiencia primigenia. Sin esta experiencia primaria, ninguna de las otras experiencias habrían podido seguir. Antes de que nada pudiera ser, tú tuviste que «ser».

Pero a medida que tu asentamiento en el «yo soy» se haga firme por medio de tu práctica espiritual o *sadhana*, llegará una etapa en que el «yo soy» se desplomará y, con ello, todas las experiencias y recuerdos desaparecerán, dejándote en tu verdadero estado Absoluto.

41. Sobre tu estado verdadero ha surgido el principio sutil «yo soy», que es la causa de todos los problemas. Sin el «yo soy» no hay ocasión de que haya problemas.

El principio sutil «yo soy», que es más sutil que la mente, apareció sobre tu verdadero estado. Tras su aparición permaneció en estado puro durante un tiempo y luego comenzó la acumulación de palabras, idiomas y conceptos. En ese momento el «yo soy» adquirió carácter verbal y se identificó con el cuerpo; así, te convertiste en el señor o la señora X y empezaste a vivir en este mundo como una persona.

Tu mente se fue desarrollando y se transformó en una fábrica de problemas, pero la verdadera causa era el «yo soy». Ahora has retornado a ese «yo soy», el primer generador de las complicaciones. Debes meditar en él y darte cuenta de que es falso; entonces desaparecerá. En ese momento habrás trascendido el «yo soy», y entonces ¿qué problemas podrá haber?

42. Cualquier cosa en que intentes transformarte, eso no eres tú. Tú eres aquello que había antes de que las palabras «yo soy» fuesen pronunciadas.

Observa la loca carrera en la que te ves metido, o, dicho de otro modo, la carrera en que la sociedad te ha llevado a participar: «Soy el señor tal», «Debo llegar a ser esto o aquello»... Los juegos de la ambición, del estatus social, de crearse un nombre, de la fama y todo lo demás no constituyen algo natural en absoluto; estás tratando de convertirte en lo que no eres. Antes de que pudieses decir «yo soy», incluso antes de que pudieses sentirlo, ¡ya eres! La conciencia «yo soy» ha aparecido en tu verdadero estado y es dependiente, pasajera y falsa. La identificación del «yo soy» con el cuerpo te ha engatusado totalmente y ahora te encuentras atrapado. ¡Comprende todo esto y ¡sal de ahí!

43. *La raíz de todo hábito es el «yo soy» y ha surgido del dominio de los cinco elementos y las tres cualidades, que son irreales.*

El «yo soy» es la esencia de los cinco elementos y las tres cualidades que forman el cuerpo y la mente, todo lo cual es irreal. ¿Por qué es irreal? Porque esos elementos y cualidades son interdependientes y se hallan en constante cambio, mientras que lo Real no depende de nada y nunca cambia. La conciencia esencial «yo soy» se ha convertido en tu hábito-raíz y te ha engañado para que creas que eres una persona con un cuerpo que ha nacido en este mundo y que un día morirá. Este hábito-raíz se ha incrustado tan profundamente en ti que es muy difícil que dejes de creer en él.

44. *Permanece en la conciencia «yo soy» sin identificarte con el cuerpo. ¿Cómo te comportabas antes de la llegada del «yo soy»?*

Para poder comprender esto que dice Maharaj tendrás que ir hacia atrás; deberás poner a trabajar tu mente y tratar de recordar el momento en el que te diste cuenta de que «eres». Esto ocurrió alrededor de los tres años de edad, pero antes de eso, desde tu concepción hasta la llegada del «yo soy», fuiste perfectamente capaz de desempeñarte. Y ¿qué decir de la etapa anterior a la concepción? ¿Alguna vez has pensado en ello? Entonces no tenías necesidad alguna; incluso tras la llegada del «yo soy», mientras se conservó en su estado no verbal, no hubo problemas.

Durante ese periodo no verbal del «yo soy» no te percatabas del cuerpo. Ahí es adonde debes regresar y donde debes asentarte.

45. El estado de «ser», que es el mensaje «yo soy» sin palabras, es común a todos. El cambio comienza solo con la corriente del pensamiento.

Esa etapa en que el mensaje «yo soy» acababa de llegar y no era verbal es común a todos. Todo el mundo pasa por este periodo, el estadio no verbal, en que uno sencillamente sabe que «es». En esta etapa solo existen un par de opuestos, el «yo soy» y el «no soy». Los movimientos que van del «yo soy» al «no soy» o viceversa ocurren de manera totalmente espontánea, sin participación de la voluntad. Los cambios se producen tan pronto como aprendes las palabras o el lenguaje; cuando esto ocurre, los conceptos enseguida se apoderan de todo: tu vida verbal, o la corriente del pensamiento, ha comenzado. Junto con ello llegan los tres estados que son la vigilia, la ensoñación y el sueño profundo, y crees que eres un individuo con un cuerpo y una mente desempeñándote en este mundo.

Entonces, en algún momento te encuentras con un verdadero gurú[7], quien te dice que debes redescubrir aquel estado perdido hace tanto tiempo, el del «yo soy» recién aparecido, preverbal. Todavía está allí y debes revivirlo; esta es la verdadera *sadhana*.

46. Creer que «yo existo» en un cuerpo, como individuo, es la causa de todos los miedos y temores. En la ausencia del «yo soy», ¿quién puede tener miedo de qué?

La creencia de que yo soy «tal individuo» y estoy dotado de un cuerpo y una mente, la creencia de que soy un individuo viviendo en este mundo y en esta sociedad en particular es la causante de todos los miedos. Los temores pueden ser de muchas clases: existe el miedo a la muerte, o a perder las riquezas o a los seres queridos.

Luego está el miedo a perder la salud o nuestro buen nombre, y después están todos esos pequeños temores que nos sobrevienen a diario, que cambian a cada momento. Pero para quien se ha dado cuenta de que el «yo soy» es falso ya no existe temor alguno, desde el momento en que todos los miedos se basan en el «yo soy». Por pura lógica, si no hay un individuo, ¿quién puede tener miedo de qué?

47. Intenta establecerte en el concepto primordial «yo soy» para así luego perderlo y liberarte de todo el resto de los conceptos. Al comprender la irrealidad del «yo soy», uno se libera por completo.

Vives en estado de agitación, desesperado, con miedos, y te perturba toda la confusión que ves a tu alrededor. Buscas liberarte de todo esto.

Entonces de algún modo encuentras al gurú; puede ser que en persona o bien que descubras sus palabras recogidas en algún libro. Y él te explica todo acerca del «yo soy» y sus implicaciones. Una vez que te ha dicho eso, es asunto tuyo llevar a cabo lo que te pide. Vuelve al concepto primordial «yo soy», permanece en él, comprende su irrealidad y serás completamente libre. Piensa siempre que las palabras del guru se basan en su propia experiencia y no en lo que otros han dicho.

48. *Sentado en silencio y tranquilo, haciéndote uno con el «yo soy», te quitarás de encima todas las preocupaciones del mundo. Después, el «yo soy» también desaparecerá, dejándote ser el Absoluto.*

Te has alejado tanto del «yo soy» primario que te resulta imposible desenmarañarte de la selva de conceptos en que te encuentras metido. La mayoría de nosotros estamos tan atrapados y enredados en el mundo que ni siquiera tenemos tiempo para pensar en esto. Solo los que son sensibles y observadores o han pasado por una crisis en su vida perciben la futilidad de todo. Así comienza la profunda búsqueda de la propia identidad y del sentido de la vida.

El consejo del guru es muy sencillo: primero debes comprender el «yo soy» como el concepto primario que es la raíz de todos los problemas. Luego tienes que sentarte en silencio y hacerte uno con la conciencia «yo soy». Al hacerlo abandonarás todas tus preocupaciones mundanas. Entonces, espontáneamente, si has sido constante en tu permanencia en el «yo soy», este caerá por su propio peso y se irá, permitiéndote quedar en el Absoluto.

49. *Dejando todo de lado, establécete en el «yo soy». A medida que continúes con esta práctica, durante el proceso trascenderás el «yo soy».*

Arroja lejos de ti todo lo que no tenga que ver con el «yo soy»; afíncate firmemente en él. Una vez tras otra, con constancia e incansablemente, tienes que continuar con la práctica de instalarte en el «yo soy».

En algún momento, cuando el dios «yo soy» esté satisfecho contigo, soltará su yugo y lo trascenderás, y te convertirás en el Absoluto.

50. *El mismísimo núcleo de la consciencia es la cualidad «yo soy»; allí no existen la personalidad ni la individualidad. Permanece con el «yo soy» y trasciéndelo.*

El «yo soy» es el verdadero núcleo de la consciencia y es común a todos. Está allí, en el centro, en su absoluta pureza, sin apéndices ni añadidos. En ese estado no caben la individualidad ni la personalidad. Todos tus esfuerzos se deben dirigir a arribar a ese estado puro «yo soy» y residir allí. Si haces esto con gran sinceridad y empeño, es seguro que un día trascenderás el «yo soy».

De modo que debes comprender la importancia que tiene empeñarse en solo «ser».

51. *Venera la conciencia «yo soy» como a Dios, como a tu gurú. Ahí se encuentra el mensaje «yo soy» y la corriente mental. Permanece en el «yo soy» y advierte que no eres ni lo uno ni lo otro.*

No solamente tienes que comprender el «yo soy», sino que además debes percibir su extrema importancia. Todo es creado por el «yo soy»; por ello venéralo como a Dios. Es la única manera de salir del embrollo, así que considéralo tu guía o tu gurú. Al principio, ¿qué otra cosa posees sino únicamente la conciencia «yo soy», sola, no verbal? Luego llega el «yo soy» verbal, la acumulación de conceptos; así comienza la corriente mental de pensamientos.

Ahora debes revertir esta corriente mental: vuelve al «yo soy» verbal, sobrepásalo y establécete en el «yo soy» no verbal. Durante el proceso te darás cuenta de que no eres ninguno de los dos.

52. *En este momento estás manteniendo el recuerdo «yo soy». Tú no eres el «yo soy»; eres el Absoluto anterior al «yo soy».*

Para que tu vida como individuo continúe debes mantener el recuerdo del «yo soy», y esto es exactamente lo que estás haciendo, aunque no seas consciente de ello. Ahora que el gurú te ha señalado el camino, acude al «yo soy» y percibe cómo te ha engañado para que creas que eres algo que en realidad no eres. No eres el «yo soy», sino muy anterior a él: ¡eres el Absoluto!, algo que siempre has sido y siempre serás, algo que has olvidado y escapa a tu mente. Aférrate a este Ser verdadero y olvida todo lo demás.

53. *Sientes el «yo soy» a causa de los cinco elementos y las tres cualidades. Al desparecer, el «yo soy» se desvanece, pero tú permaneces.*

La sensación de que «tú eres» —la conciencia del «yo soy»— se debe a la unión cuerpo-mente, que está compuesta por los cinco elementos y las tres cualidades. El cuerpo, junto con los elementos y las cualidades, es perecedero y muere. Así pues, debes darte cuenta de que todo ello —el «yo soy», los elementos y las cualidades— son interdependientes y perecederos. Según este criterio, ¿cómo podrían ser reales? La Verdad o lo Real nunca depende de nada ni es perecedero, y eso es lo que tú eres. El cuerpo, los elementos y las tres cualidades pueden ir y venir, pero tú estás ahí eternamente porque no eres ninguna de estas cosas.

54. *Sigue centrado en el «yo soy» hasta convertirte en testigo de él. Cuando lo haces, permaneces separado de él. Has alcanzado lo más alto.*

Ahora mismo, o mientras creas que eres el cuerpo y la mente, tienes que continuar meditando. Durante la meditación, sencillamente mantente centrado en el «yo soy» no verbal. A medida que tu *sadhana* madure, te convertirás en testigo del «yo soy». En el instante en que esto ocurra, te encontrarás separado del «yo soy», y este es el estado más elevado que puedes alcanzar.

55. *El «yo soy» ha brotado del estado anterior a él y ahora es la causa de todo sufrimiento. Antes de que llegara el «yo soy» eras feliz; así pues, regresa a ese punto.*

Si eres suficientemente sensible y observador, podrás discernir claramente que el «yo soy» ha surgido del estado anterior a él. Esta conciencia de «ser», ese saber que «tú eres», ha aparecido espontáneamente y se ha convertido en la razón de todo tu sufrimiento. Pero has experimentado también la ausencia del «yo soy»; por ejemplo, desde que fuiste concebido hasta la aparición del «yo soy», o también en el sueño profundo, cuando el «yo soy» permanece latente o en suspenso. Durante estas etapas, ¿has tenido algún sufrimiento o preocupación? El gurú te lo ha dejado muy claro y ahora te pide que regreses y permanezcas en el «yo soy», lo trasciendas para siempre y seas feliz.

56. *Cuando permanezcas en el «yo soy», discernirás que todo el resto es inútil. Entonces eres Parabrahmán, el Absoluto.*

Comprender el «yo soy» y permanecer en él es la única *sadhana* que hay que realizar. A medida que tu *sadhana* madura, te conviertes en testigo del «yo soy» y compruebas que es falso. Durante este proceso, observas que todo ha surgido del «yo soy» y que, por tanto, está basado en lo falso, de modo que automáticamente se torna inútil, inservible. Tú eres, y has sido durante todo el tiempo, Parabrahmán o el Absoluto. ¿Cómo podría haber algo útil para el ser sin forma?

57. El Uno que reside en el principio a través del cual conoce el «yo soy» lo conoce todo y no necesita nada en absoluto.

El Uno que ha trascendido el «yo soy» es el Absoluto; él sabe que el «yo soy» ha aparecido espontáneamente en él, sabe que es totalmente falso y sabe que desaparecerá también espontáneamente.

Conoce bien la raíz o la semilla; por consiguiente, lo conoce todo. El Uno que reside en su Ser verdadero no necesita nada en absoluto; está por encima de cualquier necesidad o requisito.

58. Tan solo siéntate y sabe que tú eres el «yo soy» no verbal. No tienes que hacer nada más; pronto llegarás a tu estado natural Absoluto.

No hay modo de poder eludir la *sadhana*; tienes que perseguir el conocimiento del «yo soy» de verdad. En un sentido, no hay nada que hacer físicamente. ¿Necesitas realizar algún esfuerzo para saber que «eres»? Es algo evidente por sí mismo. Se trata de sentarse tranquilamente en silencio y retornar al «yo soy» no verbal. Si lo haces correcta y fervientemente —es decir, si comprendes por completo el «yo soy» y todas sus implicaciones—, no debería llevarte mucho tiempo llegar a tu estado natural Absoluto.

59. Erróneamente, has entregado la conciencia «yo soy» al cuerpo, de modo que has reducido lo ilimitado a lo limitado. Es por eso por lo que tienes miedo a la muerte.

Intenta recordar el momento en que te diste cuenta de que «eres», el instante en que apareció la conciencia «yo soy» en ti. Al comienzo, en aquel primer estadio del «yo soy» tan solo sabías que «eras», que existías, y periódicamente fluías en el estado «no soy». Esto duró un tiempo, hasta que tus padres, la gente y tu entorno comenzaron a invadir la pureza de tu «yo soy». Te obligaron a que llevaras el uniforme o los ropajes de «tal persona» y aquí empezó la cadena de errores. Lo ilimitado se vio reducido a lo limitado y te convertiste en un individuo embutido en un cuerpo. Te informaron de que habías nacido y de ahí dedujiste que un día ibas a morir. Tú amas este «yo soy», esta presencia de ser; no lo quieres perder por nada del mundo, y de ahí que prevalezca el miedo a la muerte.

60. Debes darte cuenta de que no eres tu cuerpo ni el «yo soy». Tú, como Absoluto, no eres ninguno de ellos, ni los necesitas para nada.

Cuando surgió en ti la conciencia «yo soy», no sabías lo que era; se trataba sencillamente de la sensación de que «existías», la cual no era en absoluto verbal. No sabías si era real o irreal; sencillamente estaba ahí. Cuando te impusieron el aprendizaje verbal, cometiste el primer error de la cadena al creer que el «yo soy» era real. El segundo error, que te metieron en la cabeza una y otra vez, fue creer que eres una persona nacida con un cuerpo y que vives y eres parte de este mundo. Al ver que personas de tu entorno morían dedujiste que un día ibas a morir.

Estas convicciones se fueron reforzando cada vez más, al comprobar que los nacimientos y las defunciones tenían lugar a tu alrededor con mucha frecuencia. El gurú te dice ahora algo que desafía todo esto. Te dice que no eres el cuerpo ni la conciencia «yo soy». Y te dice que no necesitas a ninguno de los dos, puesto que eres el Absoluto sin forma; nunca fuiste el «yo soy» ni el cuerpo. El gurú puede decir esto porque lo ha realizado, y sus palabras son dignas de fe.

61. Investiga la validez del concepto fundamental de tu individualidad, el «yo soy», y desaparecerá. Entonces tú eres Parabrahmán, el Absoluto.

Si es falso lo que crees que eres en el presente, ¿qué medios deberás adoptar para tomar conciencia de tu verdadera identidad? *Vichara* (la investigación sobre uno mismo) es el medio sugerido por el gurú. Debes profundizar en la pregunta «¿quién soy yo?». Cuando lo hagas, llegarás al concepto base de «ser», o al «yo soy», sobre el que se apoya todo lo demás. Ahora el gurú te dice que medites acerca de este «yo soy»; permanece estabilizado ahí durante un tiempo razonable, según tu capacidad. A medida que tu *sadhana* madure, llegará un día en que el «yo soy» desaparecerá y verás que eres el Absoluto. A través de la negación, afirmas tu Ser verdadero. Intenta percibir la afirmación oculta en la negación del «yo soy».

62. De lo que hay que estar convencido en esencia es de que el concepto original «yo soy» es falso. Acepta únicamente lo que te conduzca a esa convicción.

El «yo soy» apareció en ti de repente, sin que tú lo hubieras pedido.

Luego, se quedó por un tiempo. Gradualmente el condicionamiento mundano lo ha establecido como un concepto verdaderamente firme que ahora tú no estás dispuesto a abandonar y del que no estás dispuesto a dudar. Sin embargo, la clave de tu redención está en discernir que este concepto original «yo soy» es totalmente falso y es el malhechor que te ha engañado. Quítatelo de encima y no aceptes nada que no tenga que ver con desarrollar la convicción de que el «yo soy» es ilusorio.

63. *Con anterioridad a que aparecieras ante ti mismo como «yo soy», eras lo más elevado: Parabrahmán. Ahora, hasta que desaparezca la impureza «yo soy el cuerpo», permanece en el silencio y la quietud del «yo soy».*

Tienes que ejercitar tu mente para regresar al momento en que por primera vez supiste que «eres» —el instante en que el «yo soy» surgió en ti—. Permanece ahí... Antes de que te concibieran, ¿qué eras y dónde estabas? ¡No eras nada! Eras lo más elevado que existe, el Absoluto o Parabrahmán. Tan solo esta ausencia total no necesita nada; carece de forma, es libre y está por encima de todo. Sobre este estado que no es un estado apareció el «yo soy», se aferró al cuerpo y creyó ser el cuerpo. Esta idea es impura en sí misma; libérate de ella y permanece en la quietud del puro «yo soy» no verbal. Solo entonces tendrás la oportunidad de alcanzar tu verdadera identidad.

64. *Tu caída comenzó con la aparición del «yo soy». Entonces lo confundiste todo al abrazar el cuerpo como si fuera el «yo soy». Todo lo que has cosechado a partir de ahí es irreal.*

La aparición misma del «yo soy» fue el primer engaño y la falsedad continuó cuando el «yo soy» se abrazó al cuerpo.

Este fue el engañoso cimiento que te hizo meter la pata y construir sobre él el edificio de tu individualidad.

Precisamente la base misma, el «yo soy», es falsa e irreal, así que ¿cómo puede ser real cualquier cosa que siguió después? Observa cómo fuiste embaucado para que creyeras en algo que es completamente irreal.

65. Esto no es ningún chiste: ¡puedes llegar a ser Parabrahmán ahora mismo! De hecho, ¡eres Parabrahmán en este momento! Sencillamente, centra tu atención en el «yo soy».

Te han machacado tan fuertemente el concepto de que eres un individuo con un cuerpo y una mente que rechazas de plano cualquier cosa que lo ponga en duda. En este estado del ser en que te encuentras, la verdad de que tú eres el Absoluto Parabrahmán puede sonar demasiado inverosímil, o parecer una broma.

Sin embargo, puedes serlo ahora mismo; basta con que centres tu atención en el «yo soy». En el momento en que lo haces, te separas del «yo soy» y te vuelves su testigo. La pregunta es: ¿quién es ese testigo?

66. ¿Quién posee la conciencia «yo soy»? Alguien dentro de ti tiene esta conciencia. ¿Quién es?

A medida que sigas centrado en el «yo soy» se te ocurrirá preguntar: «¿Quién observa al "yo soy"?». Tiene que haber algo dentro de ti que sea consciente de él. ¿Cómo es posible que antes «no fueras» y ahora «seas»? ¿Cómo pudo ocurrir la transición del «no soy» al «yo soy»? ¿Hubo intención u ocurrió espontáneamente? ¿Quién es el que conoce la aparición y la desaparición del «yo soy»?

67. *¿Quién puede conocer el estado ilusorio del «yo soy»? Solo un estado no ilusorio podría hacerlo. Este estado es la Conciencia, Parabrahmán, el Absoluto.*

Necesariamente tiene que haber un fondo inmutable que observa todos los cambios. Saber y no saber, ser y no ser, «yo soy» y «no soy» son todos estados de la consciencia que ocurren sobre un sustrato que nunca cambia.

Solamente un estado no ilusorio es capaz de conocer el estado ilusorio. A este estado real o no ilusorio se le han dado varios nombres: Conciencia, el Absoluto o Parabrahmán. En su estado original está completamente vacío de contenido o de experiencias; estas surgen únicamente tras la aparición del «yo soy».

68. *El concepto primario «yo soy» es un fraude, un engaño. Te ha embaucado y te ha hecho creer en lo que no existe. Céntrate con agudeza en el «yo soy» y desaparecerá.*

Las enseñanzas dicen que primero debes comenzar una investigación acerca de la naturaleza de la conciencia «yo soy»; debes indagar cómo apareció en ti y adónde te condujo. En el curso de esta indagación llegas a la conclusión de que el «yo soy» es falso y te ha engañado; te ha hecho creer algo que no es verdad. Tal vez en teoría estés de acuerdo con esta conclusión, pero para que realmente puedas comprenderla debes mantener tu concentración en el «yo soy» durante un tiempo prolongado.

Tienes que hacerlo una y otra vez; de hecho, esta es tu *sadhana*. ¿Cuál será el resultado? Llegará el momento en que el «yo soy» desaparecerá y tú llegarás a tu verdadero estado natural.

69. *Al final tienes que trascender el «yo soy» para alcanzar el estado libre de conceptos, Parabrahmán, donde ni siquiera sabes que existe.*

En última instancia, ¿cuál es el objetivo final de la sadhana, el objetivo que no puede obviarse? Tras comprender completamente la conciencia «yo soy», tendrás que meditar en ella. De ningún modo puedes saltarte este paso. Se trata de trascender el concepto primario «yo soy»; solo entonces te liberarás de todos los conceptos y entrarás en tu verdadero estado natural, Parabrahmán. Este estado siempre prevalece, ¡incluso ahora mismo, en este mismo instante! En realidad, nunca has permanecido fuera de él. En este estado no hay conceptos; de ahí que carezca de contenido y carezca de sentido que tengas ninguna experiencia. De modo que ni siquiera sabrás que eres.

70. *El Absoluto o Parabrahmán es anterior al «yo soy»; es el estado no sujeto a nacimiento. Así pues, ¿cómo puede este estado tener la conciencia «yo soy»?*

Tu verdadero estado natural, el Absoluto o Parabrahmán, existe desde antes de que apareciese la conciencia «yo soy». Es el estado que impera siempre; no conoce ni el nacimiento ni la muerte. Cualquier cosa que se conoce o se ve parece que ha ocurrido únicamente teniendo la conciencia «yo soy» como base de propagación, lo cual es ilusorio.

Pero cuando la ilusión desaparece, ¿cómo podría conservarse la conciencia «yo soy»? En tu estado real e intemporal, aquel que no ha estado sujeto al nacimiento, ni tan siquiera necesitas esta conciencia. Tienes que tener una convicción firme y llegar a la conclusión de que en realidad nunca naciste.

71. *En este momento lo único que conoces es el «yo soy», que es un producto de los cinco elementos y las tres cualidades, es decir, un producto del cuerpo de alimento. Pero tú no eres ninguna de estas cualidades ni elementos.*

El «yo soy» emana de los cinco elementos y las tres cualidades que forman el cuerpo-mente, al que también llamamos, en la tradición hindú, el cuerpo de alimento. Son los alimentos los que sostienen el cuerpo por medio del aliento vital. El «yo soy» es la esencia misma del cuerpo de alimento, que es un compuesto de los cinco elementos y las tres cualidades.

Ya que esto no es sino un ensamblaje que un día se desintegrará, es dependiente de algo externo y es temporal; por tanto, no puede ser considerado lo Real o la Verdad. Pero para comprender la irrealidad de todo esto, especialmente del «yo soy», tienes que meditar en ello. Entonces te darás cuenta de que no eres nada de esto.

En realidad, jamás fuiste nada de esto; fue el juego de engaños del «yo soy» el que te hizo creer que eres lo que no eres.

72. *Una persona realizada ha discernido por completo la conciencia «yo soy», lo cual significa que también la ha trascendido. Para ese ser no hay nacimiento, ni muerte, ni karma.*

Es muy importante entender el hecho de que la comprensión verbal de la conciencia «yo soy» es absolutamente diferente de su experiencia real. Hay muchos que comprenden teórica o verbalmente el «yo soy»; sin embargo, los que lo han «realizado» constituyen una rareza. ¿Por qué es así? Porque «realizarlo» significa a su vez trascenderlo; entonces la persona realizada ya no es un individuo. Es por ello por lo que el gurú no es un individuo.

La persona realizada sabe que «no ha nacido», así que para ella no tiene sentido la idea de que ha nacido o de que va a morir. Y ¿cómo podría aplicarse el karma –entendido como residuo o transmigración, según la tradición hindú– a lo que no ha nacido? ¡Realizarse implica el final de todo el karma!

73. La primera ilusión es únicamente la conciencia «yo soy». La liberación tiene lugar cuando esta conciencia se transforma en no conciencia.

El cabecilla de los malhechores es la conciencia «yo soy».

Liberarse significa desprenderse del «yo soy», o que tenga lugar su desaparición irreversible.

¿Qué significa esto? Significa que cuando se ha trascendido el concepto desencadenante, la ilusión primaria «yo soy», se llega a un estado que está totalmente desprovisto de cualquier concepto o ilusión. Es un estado de «no conciencia» del «yo soy», un estado en el que no tiene lugar ningún contenido ni experiencia.

74. Existes incluso desde antes de que pudieras expresar las palabras «yo soy». El estado anterior al «yo soy» es el del testigo.

El origen, fondo o sustrato tiene que existir necesariamente antes que nada aparezca sobre él.

Dices «yo soy» pero «tú» existes anteriormente; es solo gracias a eso por lo que puedes decir «yo soy». El testigo tiene lugar en ese estado sin forma que es anterior a tu existencia como «yo soy».

De hecho, el «yo soy» ha aparecido en este estado sin forma. Este estado, que no ha conocido el nacimiento, está siempre presente; es un estado que no es el «yo soy» ni necesita al «yo soy» para nada. Está más allá de cualquier necesidad o dependencia.

75. *Cuando el cuerpo muere, el «yo soy» cae en el olvido y solo permanece el Absoluto. Ánclate ahí; nada puede ocurrirte a ti, que eres el Absoluto.*

El «yo soy» es la esencia de los cinco elementos y las tres cualidades que forman el cuerpo y la mente. Cuando el cuerpo deja de vivir, el «yo soy» desaparece y solo queda el Absoluto. Si te estableces en el «yo soy», llegará un tiempo en que este desaparecerá y quedarás como el Absoluto. No eres el cuerpo ni la mente, así que no conoces la muerte, sino la desaparición del «yo soy». De todos modos, el cuerpo llegará a su fin y el «yo soy» desaparecerá sin consultarte; así que toma conciencia de «tu» relevancia ahora, antes de que te vayas de manera irrelevante.

76. *¿Cómo sabemos que hemos pasado de no ser a ser? Gracias a la conciencia «yo soy». Permanece allí, en el «yo soy»; entonces regresarás del ser al no ser.*

El camino de entrada es también el camino de salida: de lo no manifiesto a lo manifiesto, de la ausencia a la presencia, del no ser al ser. ¿Por qué es esto así? Es la conciencia «yo soy», que ha nacido espontáneamente, la que lo hace posible. De modo que el «yo soy» es la conexión o puerta de entrada, así que debe ser también el instrumento de desconexión o la puerta de salida. Pero para que este proceso inverso tenga lugar has de estar en el «yo soy»; la conciencia del «yo soy» no verbal debe imbuirte por completo. Solo entonces te verás libre de sus garras y entrarás en el no ser.

77. *En este momento, justo aquí mismo, eres el Absoluto, Parabrahmán. Agárrate al «yo soy» con mucha firmeza; permanece siempre en él y se disolverá. Entonces serás lo que ya eres.*

En este mismo instante eres el Absoluto, o Parabrahmán. El único problema es que te has desviado del «yo soy» y te has perdido entre sus agregados. Aquí está el verdadero quid de toda la *sadhana*, por medio de la cual debes eliminar todos los añadidos o complementos y llegar al «yo soy» en toda su pureza –es decir, al «yo soy» tal como se manifestó en ti, antes de que conocieses las palabras–. Una vez hecho esto, debes aferrarte fuertemente al «yo soy» no verbal y asentarte en él. Cuando lo hagas, desaparecerá y te encontrarás en tu verdadero estado natural.

78. *Sobre el estado de no ser ha acontecido el ser, en forma de «yo soy». Averiguar quién es no es importante; lo importante es el «yo soy» mismo. Permanece ahí.*

Nunca has nacido. La conciencia «yo soy» surgió con absoluta espontaneidad en tu estado *no nacido*; lo hizo sin razón aparente, como un sueño que ocurre por su cuenta, sin ningún motivo y sin que la voluntad haya participado en ello. Lo que llamamos persona, o lo que sea que haya nacido, no tiene importancia: es la conciencia «yo soy», en su incipiente estado no verbal, lo que es importante. Debes establecerte en ella.

79. *Primero vino el* aham *(«yo soy»); después el* aham-akar *(la identificación con el cuerpo, el ego). Regresa ahora al* aham *y, permaneciendo ahí, realiza al* aham-brahmasmi.[8]

La conciencia «yo soy», o *aham*, fue lo primero en aparecer; luego se identificó con el cuerpo y se convirtió en «yo soy tal» o *ahamkar* (*aham*, 'yo soy' + *akar*, 'esta forma o cuerpo' = *ahamkar*, o sea, el ego). Ahora deja de lado esta forma o cuerpo (*akar*), retorna al *aham* y establécete en él. Permaneciendo ahí, experimenta «yo soy Brahmán» (*aham-brahmasmi*).

80. Tú no eres ni el «yo soy» ni las actividades que el ser lleva a cabo. Como el Absoluto que eres, no eres nada de eso.

Hay que comprender el espejismo «yo soy» junto a todo el amasijo de actividades en las que se involucra. Este «yo soy» o «ser» ilusorio es precisamente la raíz de todo; cada actividad que realizas, cada acción que llevas a cabo tiene el «yo soy» como base. ¿Puedes recordar alguna actividad anterior a la aparición del «yo soy»? No.

Entonces, ¿qué quiere decir esto? Muestra claramente que tú como Absoluto te encuentras separado del «yo soy». El «yo soy» únicamente ha surgido en ti y tú no tienes nada que ver con él o con sus actividades.

81. Al trascender la conciencia «yo soy» reina el Absoluto. Este estado se llama Parabrahmán, mientras que la conciencia «yo soy» es Brahmán.

Es de gran relevancia comprender que la conciencia «yo soy» es Brahmán.

Cuando trasciendes el «yo soy», trasciendes el estado del Brahmán y te asientas como Parabrahmán o Absoluto.

Brahmán existe tanto con cualidades (*saguna* Brahmán) como sin cualidades (*nirguna* Brahmán). *Saguna* Brahmán es el mundo manifiesto y *nirguna* Brahmán es el mundo no manifestado. El «yo soy» y el «no soy», el saber y el no saber, el ser y el no ser son equivalentes, pares de opuestos que designan lo mismo. El estado Absoluto o Parabrahmán trasciende dichos opuestos, puesto que en él no existen la dualidad ni los opuestos.

82. ¿Cómo eras con anterioridad a la llegada del mensaje «yo soy»? En ausencia de este mensaje solo impera tu eterno estado Absoluto.

La investigación debe comenzar con esta pregunta: «¿Qué era yo antes de nacer?». O bien: «¿Cómo y qué era yo anteriormente a la llegada del mensaje "yo soy"?».

En ausencia del mensaje «yo soy», en ausencia de la conciencia de que «tú eres», ¿sabes o conoces algo? No, no es posible, puesto que con la desaparición del último concepto, el del «yo soy», has quedado vacío de todo contenido. Ya no hay experiencias; ¡estás vacío! Este es tu eterno estado Absoluto, que reina para siempre.

83. ¿Quién habría sido testigo de la llegada del mensaje «yo soy» si tu anterior estado de no ser no hubiese estado presente?

La respuesta a esta pregunta, si se plantea con intensidad, te puede conducir instantáneamente a tu estado Absoluto. Una intensa y prolongada meditación sobre el «yo soy» tiene el potencial de que ocurra esto.

Incluso si en realidad no puedes experimentar este estado, a través del puro entendimiento verbal puedes ver que tiene que haber «alguien» que sea testigo del «yo soy»; de otro modo, el «yo soy» nunca habría llegado a aparecer en escena. La *sadhana*, consistente en la práctica de la meditación en el «yo soy», contiene la clave para llegar a conocer a ese «alguien», a ese testigo, y convertirnos en él.

84. *Un verdadero discípulo, por medio de permanecer en la conciencia «yo soy», trasciende la experiencia de la muerte y alcanza la inmortalidad.*

¿Quién es el verdadero discípulo o el verdadero devoto? El que no solamente comprende el «yo soy» sino que además permanece en él durante largo tiempo, sin desviarse ni un momento. Solo quien ha realizado esta *sadhana* con total fervor es un verdadero devoto. Es seguro que llegará un momento de madurez en que él o ella trascenderá el «yo soy». Entonces no conocerá la muerte y alcanzará la inmortalidad.

Hay que comprender que es el «yo soy» el que nace y muere. Tú eres el Absoluto; permaneces separado del «yo soy» y no conoces el nacimiento ni la muerte.

85. *Agárrate a la conciencia «yo soy» no verbal, y todos los secretos de la existencia te serán revelados.*

La conciencia de ser que surgió en ti fue lo mejor que pudo pasarte. Para llegar a conocer su verdadera relevancia debes llegar a su estado más puro e incipiente, que es el de la conciencia del «yo soy» carente de palabras. Una vez que has discernido el «yo soy» no verbal, no lo dejes escapar; agárrate a él. Eso es todo lo que se te pide que hagas; nada más.

Más adelante, a medida que tu estancia en el «yo soy» se haga más consistente, se te revelará el secreto de tu existencia.

86. *¿Qué es aquello que, dentro de ti, comprende la conciencia «yo soy» sin ponerle nombre, título ni palabras? Sumérgete en ese centro tan íntimo y sé testigo de la conciencia «yo soy».*

La conciencia «yo soy» que ha aparecido en ti no tiene nombre, ni palabras, ni forma, ni tamaño.

Nadie es su propietario, ni se puede entregar a nadie. Se encuentra ahí por sí sola y sin ningún añadido. Profundiza dentro de tu ser y retira todos los añadidos que se han superpuesto al «yo soy». Si lo haces hábilmente, percibirás el «yo soy» en toda su magnífica pureza. Ahora permanece ahí y hazte uno con él. El «yo soy» debería imbuirte por completo, todo el rato. Entonces sabrás que hay alguien en ti que comprende la conciencia «yo soy»; alguien que es su testigo y que al mismo tiempo no tiene nada que ver con ella.

87. Acepta totalmente la conciencia «yo soy» como si fuera tú mismo y cree firmemente, con una convicción y una fe absolutas, en el aforismo «yo soy eso por lo cual sé que existo».

Tras comprender por completo el «yo soy», en primer lugar debes aceptar que eres la conciencia «yo soy» en su totalidad. Cuando esta aceptación se refleje en tu práctica, ¿qué ocurrirá? Ya no serás un individuo; tu personalidad habrá desaparecido. Entonces habrás alcanzado el punto más alto que pueda alcanzarse. En segundo lugar, al permanecer en este estado que es el más elevado posible de la conciencia de que «eres», te darás cuenta de que hay alguien que conoce el «yo soy». Mientras no hayas llegado todavía a esta comprensión, al menos deberías creer firmemente en el aforismo «yo soy eso gracias a lo cual sé que existo».

88. La Realidad prevalece con anterioridad a la conciencia «yo soy». Debes permanecer anclado en el origen de tu creación, en el comienzo de la conciencia «yo soy».

La Realidad siempre impera y prevalece: no sabe de idas y venidas, ni de nacimientos y muertes, ni de creación y destrucción, todo lo cual son atributos del «yo soy». En la Realidad carente de atributos, o Absoluto, surgió el «yo soy», y un día desaparecerá. En el momento presente te hallas extraviado lejos del «yo soy»; entonces, regresa a él una y otra vez y trata de permanecer ahí por un tiempo. El «yo soy» es el verdadero comienzo, el origen de todo, y su estado no verbal es lo que se halla más cercano a la Realidad. Si resides en el «yo soy», tienes más posibilidades de llegar a tu estado natural que de ninguna otra manera.

89. Cuando uno se establece en el estado final, en el Absoluto que es completamente libre, la conciencia «yo soy» se transforma en la ausencia de dicha conciencia.

El estado Absoluto es el estado final, o podría decirse que es el «estado sin estado». Tras la desaparición del «yo soy», que era el primer concepto raíz, no existe contenido alguno. Al haberse evaporado el «yo soy», ya no hay dualidad y la conciencia «yo soy» se transforma en la ausencia de dicha conciencia, puesto que ya no es necesaria. La disolución del «yo soy» es también el final de toda experiencia, puesto que ¿quién estaría ahí para experimentar qué? La conciencia «yo soy» es la iniciadora y promotora de todo; en su ausencia no queda nada.

90. De lo primero de lo que eres testigo es del «yo soy», que es el requisito primordial para cualquier atestiguación posterior. Pero ¿a quién le sobreviene esa primera atestiguación?

Lo primero que supiste fue que «eres», es decir, de lo primero de lo que fuiste consciente o testigo fue del «yo soy».

Presenciar eso constituye el requisito primordial obligatorio para cualquier testimonio posterior.

que Parabrahmán está más allá. Ahora Maharaj ha hecho otra afirmación importante: debes entender el *Atman*, o el Yo, a través de comprender el «yo soy»; el «yo soy» es el *Atman*. El *Atman* con cualidades (o que se identifica a sí mismo con el cuerpo) es el *Jivatman* (*jiva*, 'viviente', 'vivo', y *Atman*, 'Yo'). El *Atman* sin cualidades es el *Nirmalatman* (*nirmal*, 'puro', y *Atman*, 'Yo'). Y el Atman que trasciende a ambos es el *Paramatman* (el Yo último y trascendente). A medida que permanezcas en el «yo soy» conocerás el *Atman* en todos sus aspectos. Esto es lo que se llama *atma-jnana* (autoconocimiento o conocimiento de uno mismo). Es el conocimiento de tu verdadero ser como Absoluto, el que lo impregna todo, el que es ilimitado e infinito.

93. *Permanecer en la conciencia «yo soy» es la verdadera religión. Otórgale el honor que se merece. Si lo haces, no padecerás ni sufrimiento ni muerte.*

La religión convencional viene tras el «yo soy». Antes de pertenecer a cualquier religión tienes que «ser»; solo después de que «eres» puedes ser alguna otra cosa. La verdadera religión que te han transmitido es la conciencia «yo soy», la cual está en todos nosotros. De modo que permanecer en el «yo soy» es tu religión verdadera, y con esta permanencia le otorgas el mayor honor que se merece. Los beneficios que cosecharás al permanecer ahí son tremendos: no padecerás ni sufrimiento ni muerte. ¿Qué más podrías desear?

94. *¿Quién puede decir «no era y no seré como el "yo soy" que soy ahora»? Solo quien era, es y será para siempre.*

Cuando reflexionas sobre la pregunta «¿Qué era yo antes de nacer?», disciernes que no eras, o que no eras como eres

Una vez que el «yo soy» se aferra a ti, crece hasta proporciones gigantescas; la expansión es tan enorme que durante ese proceso pierdes la percepción del «yo soy» y te dedicas a tus numerosas actividades. El «yo soy» es el testigo del mundo, pero ¿quién atestigua al «yo soy»? Esta es la pregunta cuya respuesta debes encontrar y esta es la razón de tu *sadhana*.

91. El límite entre el «yo soy» (el hecho de ser) y el «no soy» (el hecho de no ser) es la ubicación exacta donde se calma el intelecto. Este es el estado mahayoga. *¡Permanece en él!*

Alcanzar el «yo soy» en su estado no verbal, puro, es la primera meta que debes lograr. Una vez que has llegado hasta ahí tienes que permanecer o residir junto al «yo soy», lo que te resultará posible tras repetidos intentos. Pero ¡ten cuidado! ¡Es un lugar muy resbaladizo! La presión del intelecto es muy potente; no puede soportar el puro «yo soy» mucho tiempo.

Sin embargo, una vez que te estableces ahí, el intelecto se asienta también en este mismo lugar. Solo tras estabilizarte en el «yo soy» durante un tiempo prolongado llegará un momento en que espontáneamente también conocerás el «no soy». Esta es la frontera y el lugar concreto donde el intelecto se calma y tú te encuentras en un estado de «no saber», de desconocer. Esto se llama *mahayoga* o *gran yoga*; es la unión del ser y el no ser, la cual es difícil de alcanzar —de ahí el calificativo *gran (yoga)*.

92. Reconoce el Atman *a través de entender la conciencia «yo soy», el* atma-jnana, *que todo lo impregna, es ilimitado e infinito.*

Más atrás, Nisargadatta Maharaj hizo una aseveración fundamental cuando dijo que la conciencia «yo soy» es Brahmán y ahora. Si bien crees que en el presente «tú eres», también te das cuenta, viendo la gente morir, de que llegará el día en que no serás como actualmente eres. De modo que tenemos tres estados: «yo no era», «yo soy» y «yo no seré». ¿Quién puede darse cuenta de esto? El Absoluto inmutable, Parabrahmán o el verdadero Ser, que era, es y será por siempre jamás.

95. Cuando afirmas que no existías antes de tu concepción, en realidad quieres decir que no existías como el actual «yo soy». Sin embargo, aquel que puede percibir la ausencia del actual «yo soy» ya existía.

Siguiendo la reflexión anterior, si ahora te planteas la pregunta de quién eras antes de tu concepción, enseguida te darás cuenta de que la respuesta es esta: «Yo no estaba allí». Lo que quieres indicar es que no estabas allí como lo estás actualmente, es decir, no tenías forma ni nombre.

Existe «alguien» que puede percibir la ausencia del «yo soy» actual; ese «alguien» siempre ha estado ahí y seguirá estándolo, puesto que es indestructible: es el Absoluto.

96. En estado de meditación, atrapa la conciencia «yo soy», y llegarás a discernir que «Yo», el Absoluto, no soy la cualidad o guna «yo soy».

Deja a un lado todo lo que no tenga que ver con el «yo soy» y centra tu atención en el «yo soy» no verbal. Para lograrlo, deberás usar tu mente; tendrás que regresar y tratar de recordar el primer instante en que llegaste a saber que «eres». Lo que debes atrapar durante la meditación es el primer «yo soy», aquel «yo soy» incipiente y no verbal. Permanece allí y no permitas que se te escape de las manos.

Durante el proceso te darás cuenta de que tú, como Absoluto, no eres la cualidad «yo soy», sino que en realidad este «yo soy» pertenece al cuerpo, con sus cinco elementos y tres cualidades. Estas tres cualidades, o *gunas*, son *sattva* (conocimiento), *rajas* (actividad) y *tamas* (inercia). Entre ellas, el «yo soy» es *sattva*.

97. *No hagas sino permanecer en la conciencia «yo soy», en el* moolmaya *(la ilusión primordial). Entonces soltará sus garras de ti y se desvanecerá.*

Una vez que hayas comprendido la conciencia «yo soy» no tienes que hacer nada sino permanecer en ella. El «yo soy» es la ilusión o concepto primario y se conoce en la tradición védica como *moolmaya* (*maya*, 'ilusión', y *mool*, 'raíz', la ilusión-raíz).

Actualmente estás bajo las garras de *maya* (la ilusión). Para evitarlo, ve hasta la raíz de *maya*, que es el «yo soy»; al estabilizarte en el «yo soy», serás tú quien tendrá agarrada a *maya* por el cuello. Y ¿qué ocurrirá? Que *maya* se dará cuenta de que su existencia corre peligro; de ese modo te soltará, escapará y desaparecerá.

98. *En profunda meditación, inspirado solamente por la conciencia «yo soy», se te revelará intuitivamente cómo esta yoidad llegó a cobrar vida.*

Una vez más, el gurú destaca la importancia de la meditación para el *sadhaka* (discípulo, aspirante). Esta no se debe realizar de modo casual, sino de una manera profunda. ¿Qué quiere decir *profunda*? Significa que permaneces exclusivamente con la conciencia «yo soy» sin permitir interrupciones, durante un tiempo prolongado. Puede ser que el logro llegue pronto o puede ser que no, pero llegar, llegará si estás imbuido en la conciencia «yo soy» con una gran sinceridad y firmeza de ánimo.

Y ¿qué es lo que te será revelado? El «yo soy» mismo te relatará su historia, y llegarás a saber cómo nació. O, de manera paradójica, te revelará cómo nunca llegó a ser o cómo nunca estuvo, ni al principio ni nunca. Siempre es el Absoluto el que era, es y será para siempre; el «yo soy» fue tan solo una ilusión que surgió en él.

99. El «yo soy» es también llamado consciencia, Dios, gurú o Ishwara, pero tú, el Absoluto, no eres nada de esto.

El «yo soy» no es sino uno de los mil nombres que se le han dado, tal como consciencia, Dios, Ishwara[9] o gurú. ¿Por qué todos esos nombres? Porque el «yo soy» en realidad carece de nombre y todos esos títulos han surgido cuando el «yo soy» se ha revelado intuitivamente a distintos indagadores espirituales que habían meditado profundamente en él.

Algunos lo vieron como Dios, otros como Brahmán, otros como el gurú, etcétera. Por supuesto, la revelación final y última es que tú estás separado del «yo soy» y eres el Absoluto, el que no tiene forma, es eterno y se halla totalmente libre de cualquier atributo.

100. Debes comprender que el «yo soy» es incluso anterior a la aparición de las palabras, los pensamientos o los sentimientos.

Nunca habría que olvidar la importancia del «yo soy» como el principio primordial. Para que esta convicción se refuerce aún más, es esencial que retrocedas a aquel momento en que por primera vez supiste que «eres».

Al realizar este paso, la pureza del «yo soy» aparece muy clara ante ti. También te quedará claro que, se desencadenara como se desencadenara, el «yo soy» es la primera y última causa que te trajo a este mundo y lo que ahora te puede sacar de él. Antes de que ninguna otra cosa –palabras, pensamientos o sentimientos– pudiese existir, el «yo soy» tuvo que estar ahí.

101. El principio «yo soy», que reside en el interior de toda persona, es común a todos y no tiene atributo alguno. Es el principio del funcionamiento de todo.

La conciencia «yo soy» que surgió en ti es clarísimamente el principio interior por el que funcionas. Piensa en ello: ¿puede existir algo si «tú» no estás ahí? Es de extrema importancia que «seas» para que exista todo lo demás. Con anterioridad a la llegada de la conciencia «yo soy», ¿sabías, conocías algo?

O cuando te hallas en el sueño profundo, cuando el «yo soy» se encuentra en suspenso, ¿conoces algo? El principio interior «yo soy» no pertenece a ningún individuo en particular, sino que es común a todos y carece por completo de atributos.

102. Identifícate con el principio más alto que hay en ti que es la conciencia «yo soy». Eso te elevará al estado de Brihaspati.

Sé completamente uno con la conciencia interior «yo soy», que es el principio más alto que hay dentro de ti. En primer lugar, deberías ser capaz de percibir claramente la conciencia «yo soy» en ti. Esto quiere decir que no solo debes vislumbrarla, sino comprenderla en su totalidad. Entonces es el momento de realizar la *sadhana*, la práctica, con la que aprendes a permanecer en el «yo soy». Esto, en su fase más avanzada, da como resultado que te conviertes en uno con el «yo soy», de modo que solo queda el «yo soy» y nada más. El gurú dice que ello te elevará al estatus más alto posible, el de Brihaspati, que es el gurú más grande y elevado, el gurú de los mismos dioses.

103. La conciencia «yo soy», que llegó espontáneamente y que sentiste de forma gradual, es el principio de ignorancia propio del niño, el estado balkrishna.[10]

Ahora el gurú llama al «yo soy», que apareció espontáneamente en ti, el principio de ignorancia del niño o estado *balkrishna*. Esto añade más claridad a tu comprensión del «yo soy». Desde luego, cuando el «yo soy» nació en ti, se hallaba en un estado de absoluta ignorancia. No sabías qué era ese estado de «ser» ni cómo interpretarlo. Solo conocías dos estados, el de «yo soy» y el de «no soy», que se alternaban.

104. Este estado «yo soy» o balkrishna *tiene un gran potencial. Aquí* bal *significa 'el cuerpo infantil de los alimentos' y* krishna *quiere decir 'no saber'.*

Más adelante, el gurú pasa a explicar que este principio de ignorancia del niño, o estado *balkrishna*, que no es otra cosa que el «yo soy», posee un gran potencial. ¿Por qué? Porque es el concepto o ilusión primario, sobre el que se construyen todos los demás aspectos de ti y de tu vida. Además, el «yo soy» no solo te ha creado a ti, sino que ha creado todo el universo, todo el cosmos.

En ausencia del «yo soy», nada de lo anterior existe. *Bal* alude al cuerpo infantil de los alimentos, que también implica poder o fuerza, y *krishna* quiere decir 'desconocimiento', que implica la ignorancia de su propia fuerza.

El *balkrishna* es muy poderoso y su potencial de creación es gigantesco, exactamente igual que la pequeña semilla del baniano no es consciente de su potencial de crear un árbol tan enorme.

105. Para acabar con la conciencia del cuerpo y la mente o, lo que es lo mismo, con tu identidad, absórbete en el «yo soy», permanece en él. Más adelante, el «yo soy» se fundirá en tu naturaleza original.

Cuando el «yo soy» nació en ti, en sus estadios iniciales no se identificó con el cuerpo. Deberás aplicar tu mente a ir hacia atrás e intentar recordar aquella fase en que únicamente existía el «yo soy» puro, sin añadidos. Solo mucho más tarde y de modo gradual el «yo soy» comenzó a identificarse, primero con el cuerpo y luego también con la mente, y, junto con ellos, se identificó con el tiempo.

Todo esto ocurre sin que tú seas consciente de ello: los padres, los profesores, los amigos, los familiares y quienes nos rodean contribuyen al proceso y refuerzan el «yo soy» verbal, con lo cual desarrollamos bien aquello que llaman «personalidad». Si tienes suerte, en algún momento de tu vida te toparás con el gurú adecuado, quien te mostrará la falacia de esta identidad equivocada. Ahora Maharaj te explica qué es el «yo soy» y te pide que te mantengas ahí para que puedas librarte así de la conciencia del cuerpo y la mente o, dicho de otro modo, de tu actual identidad. Más adelante llegará un momento en que el «yo soy» se fundirá con tu verdadera naturaleza.

106. El tipo de descanso más elevado tiene lugar cuando tanto el «yo soy» como el «no soy» se olvidan. Esto se llama param vishranti, *que significa 'descanso absoluto', 'completa relajación' o 'quietud total en el estado más elevado'.*

Aquí la palabra *descanso* hay que entenderla en su significado más elevado. No se trata de descansar durante un cierto tiempo, sino de permanecer eternamente en el descanso. Este estado se define en sánscrito y en maratí como *param vishranti*. En él uno se olvida del «yo soy» y del «no soy». En realidad, ambos son aspectos de la consciencia, y tú no eres ni uno ni otro.

El significado de la expresión *param vishranti* viene a ser 'el descanso más elevado' (en maratí, *param*, 'el más elevado', y *vishranti*, 'descanso'. Para ser incluso más claros, *vishranti* puede descomponerse en *visra*, 'olvidar' y *anti*, 'al final').

107. Tras haber atrapado y comprendido el «yo soy», permanece recluido ahí y no andes vagando de acá para allá.

Permanecer estable en el «yo soy» es verdaderamente muy difícil, incluso tras haberlo comprendido. Tu identificación con el cuerpo es uno de los obstáculos que se interponen en el camino; y, por otra parte, está la mente, que, a pesar de que ha entendido las enseñanzas, inconscientemente no está preparada para aceptarlas. La mente está todo el tiempo dándote con el codo: «esto no puede ser; es demasiado simple», «intenta algo más», «debe de ser más complicado; indaga más», etcétera.

De modo que el vagar de aquí para allá continúa interminablemente y al final te quedas donde estabas. El gurú se da cuenta de esta dificultad y por ello te aconseja que permanezcas recluido, no respecto a la sociedad sino en relación con los pensamientos; te dice que continúes con la conciencia de «ser» o «yo soy» y que nunca deambules fuera de ella.

La reclusión física, apartarte del mundo, quizá podría serte útil, pero es algo secundario respecto a evitar el vagar de los pensamientos, lo que se obtiene cuando aislamos el «yo soy» del resto de ellos.

108. *Una vez estabilizado en el «yo soy», te darás cuenta de que este no es el estado eterno. Sabrás que «tú» eres eterno y tu origen es remoto.*

En algún momento debes de haber observado que aunque todos los días ves gente morir a tu alrededor, tú mismo sientes que vas a continuar. En lo profundo de ti, en tu subconsciente, crees que las cosas seguirán como hasta ahora, que nada va a cambiar. Sin embargo, si miras hacia atrás, percibes que todo ha cambiado mucho respecto a como era hace unos años, especialmente tus ideas, tus criterios y la mayoría de tus prioridades. Es este impulso inconsciente hacia la eternidad o la inmortalidad el que te ha conducido hacia la espiritualidad.

No andabas equivocado en relación con lo que se ha dicho antes, excepto por el hecho de que por error creías que ibas a continuar como este cuerpo, esta persona o esta identidad. Ahora, si sigues las enseñanzas del gurú, cuando te estabilices en el «yo soy» no verbal, te darás cuenta de que no es eterno. Tú estás separado del «yo soy», ya que eres el verdadero Absoluto sin forma, que es testigo del «yo soy» que apareció en él. Este es tu verdadero Ser eterno, cuyo origen es remoto.

109. Esta es la secuencia: el «yo soy» y ser testigo de la manifestación ocurren simultáneamente. Al desaparecer el «yo soy», ¿qué queda? Tú eres «Eso».

En el instante en que te despiertas tienes la conciencia de ser testigo del mundo. Esto ocurre tan de inmediato que nunca te paras a hacerte esta pregunta: «¿A quién le ha sobrevenido el hecho de ser testigo?». ¿Acaso no le sobrevino a algo anterior al «yo soy»?

En realidad, el «yo soy» y el espacio van de la mano, así que en cuanto aparece el «yo soy» ves, instantáneamente, el mundo, la manifestación física.

Tras esto, tu personalidad toma el control de tu vida diaria y enseguida el «yo soy» se pierde y queda olvidado. Cuando regresas al «yo soy» no verbal y permaneces en él durante un tiempo razonable, un día el «yo soy» se retira, y sea lo que sea lo que quede, tú eres Eso.

110. Lo que digo es muy sencillo: cuando surge el «yo soy», aparece todo; cuando el «yo soy» se retira, todo desaparece.

Las palabras de un verdadero gurú son siempre sencillas, porque él ya no es un individuo. No espera nada de ti excepto tu firme convicción en la sencilla enseñanza que imparte. Es a través de su gracia como te ha donado algo tan profundo de un modo tan sencillo.

Todo se ha concentrado alrededor del «yo soy»: con el surgir del «yo soy», todo aparece; cuando se retira el «yo soy», todo desaparece. Basta con que comprendas el «yo soy» y te establezcas en él para luego liberarte de él. Tu tarea estará realizada.

111. Quieres que te diga algo sobre la manifestación posterior al «yo soy», mientras que te estoy conduciendo al Absoluto anterior al «yo soy».

Date cuenta de lo claras que son las intenciones del gurú. Su único «interés» es conducirte hacia el Absoluto, que él asegura que es anterior al «yo soy». ¿Qué podría decir él sobre la manifestación posterior al «yo soy»? Puesto que no entiendes el estado anterior al «ser», o, mejor dicho, nunca lo has conocido o le has prestado atención, le pides al maestro que hable de lo que ya conoces. Tú sabes mucho de la manifestación posterior al «yo soy», te sientes cómodo ahí, y es por eso por lo que te gustaría escuchar algo que perteneciera a ese ámbito; no deseas escuchar nada que se salga de él. Ahora deja a un lado todo lo que sea la manifestación posterior al «yo soy» e intenta centrarte en lo que dice el gurú: aquello que es anterior al «yo soy», el Absoluto.

112. No te estoy diciendo qué es lo Real, porque las palabras lo niegan. Cualquier cosa que diga no será la verdad, porque las palabras nacen del «yo soy».

Hay que estimar la absoluta sinceridad del gurú cuando confiesa que todo lo que pueda expresar no es la verdad. En realidad, está haciendo tu comprensión aún más clara y profunda, y está resaltando la total falta de fiabilidad de las palabras a la hora de conducirte a la verdad.

Ya que no tenemos otro medio de recibir las enseñanzas del gurú, él usa las palabras, si bien deja claro que lo Real está más allá de ellas. En el momento en que pronuncias una palabra, necesariamente debe venir del «yo soy», y el «yo soy» es falso.

113. Yo te conduzco al origen «yo soy» una y otra vez. Cuando llegues y te establezcas allí, te darás cuenta de que el «yo soy» no existe.

El gurú lleva a cabo un esfuerzo incansable y muy generoso. Todos los que llegan a su puerta reciben el mismo tratamiento: los conduce al origen «yo soy» repetidamente. No habla de ninguna otra cosa; quiere aprovechar al máximo el tiempo que le reste en su cuerpo físico e impartir las enseñanzas a todo el que se acerque. Espera que de todos los que llegan al menos unos pocos, o quizá solo uno, pueda comprender lo que está diciendo, de modo que consiga estabilizarse en el «yo soy», alcance a discernir su irrealidad y se libere de él.

114. No hay una explicación de cómo ha surgido esta semilla, esta consciencia, este estado que es el «yo soy». Pero una vez que ha llegado, su «zumbido» continúa a través de las tres gunas.

La aparición de la conciencia «yo soy» tiene lugar con total espontaneidad; no hay una explicación acerca de cómo esta semilla de consciencia llegó a existir, del mismo modo que no podemos dar una explicación a por qué a los niños les gusta jugar. Pero una vez que la conciencia «yo soy» surge, le gusta «zumbar» (expresarse, manifestarse) a través de las tres *gunas*, las tres cualidades, que, junto con los cinco elementos, conforman el cuerpo. He utilizado la palabra *zumbar* porque así es como se traduce la palabra maratí *gun-gun*.

115. Debes saber cómo surgió el «yo soy», ya que es lo único a través de lo cual puedes descifrar todo el misterio.

La clave de todo el misterio de la vida reside en una cosa únicamente, y es la conciencia «yo soy».

Tienes que comprender el «yo soy» con mucha claridad, sin ninguna duda, en tu mente. Si fuese necesario, repasa las palabras del gurú una y otra vez. Una vez que lo hayas comprendido, deberás residir en el «yo soy» de mayor pureza; entonces se revelará su verdadera relevancia y aprenderás acerca de su llegada y su partida.

116. Al Absoluto que eres, que no tiene forma, le sobrevino la conciencia «yo soy», que tampoco tiene forma.

Por un instante, considera lo que eras antes de tu concepción. Sencillamente, ¡no estabas! ¡No eras nada! ¿Cómo puede hablarse de la existencia de alguna forma en el espacio infinito? Estabas felizmente ubicado, no tenías ninguna preocupación..., y entonces apareció la conciencia «yo soy».

El estado «yo soy» heredó una propiedad de tu estado Absoluto: la carencia de forma. De la misma manera, todo conocimiento carece de forma, porque el «yo soy» está en su origen.

117. La conciencia «yo soy» ha aparecido espontáneamente en tu estado Absoluto; por lo tanto, es una ilusión.

Tú «no estabas allí» y espontáneamente apareció el «yo soy» en tu estado Absoluto.

¿Hubo una participación de la voluntad por tu parte? Claro que no; ocurre como con los sueños, que aparecen involuntariamente cuando te duermes.

El sueño «parece» que es verdad mientras dura y el sueño del «yo soy» también es una ilusión que es verdad solo mientras dura. Con la desaparición del «yo soy» quedas en tu estado Absoluto.

118. La conciencia «yo soy», este sattva, *no puede soportarse a sí misma, así que necesita el apoyo de* rajas *(la actividad) y* tamas *(que proclama ser el autor de la actividad).*

Comprender el «yo soy» es una cosa, pero permanecer en él es un reto mucho mayor. Suena muy fácil, pero la *sadhana* requiere una fuerte determinación y firmeza por parte del adepto. Aquí Maharaj deja claro que el «yo soy» más puro es la cualidad *sattva*, la cual no puede tolerarse a sí misma (¡no es extraño que tengas deslices!).

La cualidad *sattva* está constantemente pidiendo la compañía de las otras dos cualidades: *rajas* (la actividad) y *tamas* (el dueño de la acción). Pero esto no deja de ser una batalla a contracorriente. Recuerda que estás regresando al «yo soy» puro, así que aférrate a él y persiste.

119. La única sadhana *consiste en pensar: «No soy el cuerpo; soy la conciencia "yo soy" sin forma y sin nombre que reside en el interior de este cuerpo».*

Aquí se afirma claramente que solo hay una *sadhana* que llevar a cabo, y es establecerse en la conciencia «yo soy» que habita en el interior del cuerpo. Hay que realizar esto teniendo en cuenta tres cuestiones: la primera, que yo no soy el cuerpo; la segunda, que la conciencia «yo soy» no tiene forma, y la tercera, que esta conciencia es no verbal y carece de nombre.

Esto lo puedes llevar a cabo si regresas al instante en que la conciencia «yo soy» surgió en ti por primera vez. Durante el periodo inicial que siguió a su aparición, el «yo soy» se hallaba en su estado más puro y se le podían aplicar los tres criterios apuntados anteriormente. Si realizas esto, no necesitarás hacer nada más.

120. Cuando permanezcas durante largo tiempo en el «yo soy», la misma conciencia «yo soy» te aclarará todo. No te será necesario ningún conocimiento externo.

Para empezar, hay que comprender por completo el «yo soy». Para ello tienes que volver atrás y captarlo en su estado puro, cuando aún no eras consciente del cuerpo. En aquella etapa el «yo soy» era no verbal, no tenía forma y consistía tan solo en la conciencia de que «eres», de que «existes». Tras haber atrapado el «yo soy», ahora debes permanecer en él durante un tiempo lo suficientemente largo. Habrá que repetir varias veces el proceso de regresar al «yo soy» y permanecer en él. A medida que lo hagas, la conciencia «yo soy» se hará tu amiga y te revelará su secreto. Entonces no te será necesario ningún conocimiento externo.

121. La única técnica espiritual necesaria es la convicción y la única iniciación que da el gurú es: «Tú no eres el cuerpo, sino solo el "yo soy" no verbal».

Todas las personas que han leído mucho sobre espiritualidad y que han ido de gurú en gurú saben que el gurú normalmente transmite a sus discípulos una «iniciación» y una «técnica». Esas personas esperan algo similar cuando se acercan a un verdadero gurú, y se sorprenden sobremanera en el momento en que este les dice que la única técnica es la convicción.

Y ¿de qué hay que estar convencido? De que yo no soy el cuerpo sino solamente la conciencia «yo soy» no verbal. Esta, dice el gurú, es la única iniciación. Esto es algo tremendamente básico, sencillo y directo, y su gran belleza es que no se ajusta a ninguna religión convencional.

122. Cuando veas claramente que lo que ha nacido es el «yo soy», permanecerás separado de él, como no nacido.

La creencia de que has nacido y un día morirás está grabada en ti muy fuertemente; de ahí que el miedo siempre impere. Siguiendo las enseñanzas del gurú, debes regresar, llegar a la conciencia «yo soy» pura y quedarte allí el tiempo suficiente.

Durante este periodo de permanencia en el «yo soy» llegará un momento en que verás muy claramente que lo que nace es el «yo soy». Cuando lo percibas, estarás separado de él, considerando que tú no has nacido. Esto ocurre casi de inmediato.

123. Una vez que el «yo soy» desaparece, lo que queda es tu naturaleza original, que no posee atributos ni identidad, ni ha sido condicionada. A esto lo llamamos Parabrahmán o Absoluto.

La partida del «yo soy» señala el fin de todos los conceptos, o de la ilusión. Ya no eres un individuo condicionado sino que comulgas con tu naturaleza original, y lo Original no tiene atributos ni identidad. ¿Cómo podría tener alguna identidad o algún atributo lo que carece de forma y de nombre y es infinito? Esta es la base de todo.

Todo lo que vemos que tiene atributos o identidad solo ha aparecido en ello; de hecho, tiene como base el concepto o ilusión primordial «yo soy». Puesto que el único medio de comunicación que tenemos a nuestro alcance son las palabras y el lenguaje, a este infinito lo llamamos Parabrahmán o Absoluto.

124. La ausencia del «yo soy» no la experimenta «alguien». Hay que entenderlo como que el que experimenta y lo experimentado son uno.

Estás tan profundamente arraigado en la dualidad que crees que debe haber «alguien» que experimente la nada, el vacío, el espacio o la ausencia del «yo soy».

Es imposible que la mente conciba un estado no dual, porque solo puede funcionar en un modo dual (a partir de la distinción entre sujeto y objeto). Así que, por lógica, la mente debe detenerse, o tú tienes que trascenderla. Para que eso ocurra debes ir al «yo soy», que es el punto donde se originó la mente.

Cuando permaneces en el «yo soy», llega un momento en que desaparece; entonces quien tiene las experiencias y lo experimentado se funden en uno y lo que queda es tu estado natural verdadero, que se halla más allá de lo que es posible decir o describir.

125. La conciencia «yo soy», que apareció en su niñez, es un engaño y te ha hecho creer que la ilusión es la verdad.

Mira y percibe cómo la conciencia «yo soy» es a la vez una amiga y una enemiga.

Como amiga te puede mostrar el camino de salida, pero como enemiga te ha embaucado para que pienses que eres un cuerpo. Te ha engañado para que creas que eres una persona nacida en este mundo y que un día morirás. Hay que comprender bien esta doble naturaleza del «yo soy», una naturaleza análoga a la del dios Jano —el dios que guarda las puertas y que tiene dos caras opuestas.

126. La conciencia «yo soy» surgió en ti. A partir de ahí comenzó tu rol como testigo. Aquel que atestigua está separado de lo atestiguado.

La conciencia «yo soy» llegó sin ser invitada; apareció o surgió en ti sin que lo hubieses pedido. Vino de un modo totalmente espontáneo, muy rápidamente, y antes de que pudieras hacer nada al respecto comenzó a ser testigo del espacio. El «yo soy» y el espacio se unieron, tú «viste» y sentiste el cuerpo y empezaste a identificar el «yo soy» con él. Ahora, durante el proceso de retorno, debes reflexionar sobre quién es el testigo, o preguntarte sobre quién apareció el «yo soy». Entonces te darás cuenta de que «Aquel» que está atestiguando permanece separado de lo atestiguado y de que ha estado siempre ahí.

127. La conciencia «yo soy» es la meditación. Esta conciencia medita sobre sí misma y despliega su propio significado.

Cuando hablamos de meditar acerca de la conciencia «yo soy», ¿a qué nos estamos refiriendo en realidad? Es la conciencia «yo soy» la que está meditando sobre sí misma. No tienes que meditar sobre el «yo soy» en calidad de «yo soy el señor tal» o «esta persona en particular». Rompe la asociación del «yo soy» con todo lo demás; desciende a su nivel más puro y deja que el «yo soy» no verbal medite sobre sí mismo. Una vez que realices eso durante un tiempo lo suficientemente largo, el «yo soy» desplegará su propio significado ante ti.

128. Cuando meditas sobre la conciencia «yo soy», que es el origen del conocimiento, ¿cómo podría haber ninguna pregunta?

¿No es verdad que siempre tienes alguna pregunta rondándote la cabeza, o alguna duda subyacente cuando realizas actividades de toda índole? Lo mismo ocurre cuando te introduces en el terreno de la espiritualidad y comienzas a meditar.

La pregunta más relevante que siempre permanece en el fondo es: ¿esto va a funcionar o será una pérdida de tiempo? Pero ¿qué ocurre cuando meditas sobre la conciencia «yo soy» como se aconseja? ¿Cómo podría haber ninguns pregunta en este caso?

Si has comprendido el «yo soy» correctamente, verás que es el mismísimo comienzo del conocimiento, el «yo soy» en su total pureza. Como parte de la práctica debes permanecer en el «yo soy» y no desviarte de él. Si se te plantea una pregunta, puedes estar seguro de que te has extraviado, o de que ya no estás establecido en el «yo soy». De hecho, este es un método muy útil a la hora de evaluar tu progreso en la *sadhana*: el objetivo es llegar a un estadio donde ya no surjan más preguntas.

129. Utiliza los nombres, las formas y los planes solo para las actividades mundanas; fuera de eso, aférrate a la conciencia «yo soy» sin tener conciencia del cuerpo, más allá de los nombres, las formas y los planes.

Aunque puedas estar anclado en el «yo soy», físicamente todavía estás alojado en un cuerpo, algo que no puedes evitar por ahora. Tienes un nombre, una forma y un propósito que el mundo te asignó al nacer.

Ya que el mundo te ha dado esto, ¿por qué no utilizarlo en las actividades mundanas? Pero ten siempre en mente, en todo momento y sin desviarte un ápice, que tú no eres nada de eso; todo esto tan solo está a tu disposición. Puedes seguir con tus actividades, pero debes continuar aferrado a la conciencia «yo soy» sin la conciencia corporal.

130. No hay técnicas espirituales excepto la técnica de que «yo soy» —es decir, la firme convicción de que «yo soy» significa solamente 'yo soy'.

De nuevo el gurú está poniendo énfasis en su técnica, enseñanza o iniciación. La única técnica que prescribe es que permanezcamos en el «yo soy» y desarrollemos la firme convicción de que «somos». ¿Qué significa esta convicción? Significa que cuando estás establecido en el «yo soy», se trata *solamente* del «yo soy» y de nada más, es decir, debes centrarte en el «yo soy» en su mayor pureza. Tienes que estar imbuido en la conciencia «yo soy», en todo tiempo y lugar. Entonces, y solo entonces, tendrás ocasión de trascenderla.

131. Esta convicción puede reforzarse a través de la meditación. Estás en meditación cuando el conocimiento «yo soy» permanece siendo ese conocimiento.

¿Cómo asumiste la convicción de que eres el cuerpo o tal persona? Ocurrió porque la gente a tu alrededor no dejaba de recordártelo a cada momento. Las convenciones sociales y la tradición forman parte de tu condicionamiento. De modo que crees que naciste en este mundo con un cuerpo. Lo que el gurú te dice ahora choca frontalmente contra la convención que has desarrollado a causa de tu condicionamiento. Cuando comenzó este condicionamiento, tu persona era tierna, de modo que estas creencias hicieron gran mella en ella; el condicionamiento se hundió profundamente en ti.

Ahora, para quitarte eso de encima, necesitas la meditación. Y ¿en qué consiste esta meditación de la que hablamos? En que cuando hayas comprendido el conocimiento «yo soy», este permanezca en sí misma y no se mueva ni un ápice de ahí.

132. El milagro más grande es que descubriste el «yo soy». Esto es evidente. Antes de saber que «tú eres», ¿qué sabías, qué conocimiento tenías?

Recuerda el instante en que por primera vez llegaste a saber que «eres». Casi instantáneamente surgió también el espacio, y pronto sentiste que estabas en el mundo. Observa el gran poder del descubrimiento que hiciste, el «yo soy». ¿No es un milagro que creara el mundo en el que crees que vives? Antes de la llegada del «yo soy», ¿sabías algo?

O, mejor dicho, antes de que descubrieses el «yo soy», ¿necesitabas saber nada? No necesitabas el conocimiento porque eras, y eres ahora, ¡el conocimiento mismo!

133. Meditar significa tener un objetivo o aferrarte a algo. Tú eres ese algo. Sencillamente, sé el «yo soy».

Meditar significa reflexionar o mantener la atención centrada en un objeto, imagen o mantra. Hay que practicar la meditación hasta que lo que era el objeto de atención desaparece o, podría decirse también, hasta que el «sujeto» y el «objeto» de la meditación se funden en uno. Cuando tú «solo eres», o estás únicamente en la conciencia «yo soy», eres a la vez el sujeto y el objeto de la meditación.

El ser se halla meditando sobre el «ser»; como resultado, ambos se anulan mutuamente y lo que queda en última instancia es el Absoluto.

134. No debes sentarte a meditar identificado con el cuerpo. Es la conciencia «yo soy» la que está meditando sobre sí misma.

La verdadera meditación comienza solo cuando, en el inicio, utilizando tu inteligencia discriminatoria, cortas con todo lo que no tenga que ver con el «yo soy». Esto incluye acabar con la identificación con el cuerpo y la mente, que son el mayor obstáculo. No deberías permanecer con la conciencia «soy tal persona haciendo meditación» ni «estoy sentado en este lugar, en esta postura, meditando acerca de...»; debes abandonar todas esas banalidades externas. Se trata tan solo de que la conciencia «yo soy» medite sobre sí misma. Únicamente si se mantiene la pureza del «yo soy» en la meditación habrá la posibilidad de que este desaparezca.

135. Cuando el «yo soy» o presencia consciente se funde en sí mismo y desaparece, esto da pie al estado de samadhi.[11]

Debes estar completamente absorbido en el «yo soy» o en tu presencia consciente. La conciencia «yo soy» debe impregnarte de todas las maneras, en todas las direcciones, en todo momento. Cuando lo haces con firmeza y con una tremenda intensidad, el «yo soy» se funde en sí mismo y desaparece. Cuando esto ocurre, se dice que sobreviene el estado de *samadhi*.

136. En el útero, la conciencia «yo soy» yace latente. Es el principio del nacimiento el que lo contiene todo.

La conciencia «yo soy» es un fenómeno de autoafirmación muy potente y dominante en la naturaleza.

El «yo soy» está en el óvulo liberado del útero femenino y también en cada espermatozoide del varón que se mueve con rapidez hacia aquel.

Cuando los espermatozoides rondan alrededor del óvulo, intentan desesperadamente introducirse para completar el proceso de concepción de otro «yo soy». Cuando al fin uno de ellos consigue entrar, se da la fertilización y un nuevo «yo soy» es concebido. A partir de ahí, se trata de un proceso de diferenciación y multiplicación, que da lugar primero al embrión y a continuación al feto. Cada célula del feto transporta el «yo soy», que yace latente en el útero. Así es como nace el «yo soy».

El «yo soy» lo contiene todo y se afirma con gran fuerza durante toda la vida del cuerpo que nació; como es obvio cree, erróneamente, que es el cuerpo.

137. El principio del nacimiento es el **turiya** *(el cuarto estado), que significa 'donde está la consciencia'.*

Un análisis cuidadoso del proceso de la reproducción en su totalidad, ya sea por medio de la sexualidad o de otros sistemas presentes en la naturaleza, nos muestra que se trata de un poderoso fenómeno de autoafirmación. Todas las especies vivas desean propagarse y perpetuarse, y el «yo soy» autoasertivo es el principio del nacimiento, que es esencial en todo el proceso. Ya que el principio del nacimiento era difícil de definir o clasificar, los antiguos pensadores lo llamaron *turiya*. La palabra *turiya* significa 'el cuarto', es decir, el cuarto estado de la consciencia, que yace en la base de los otros tres estados, a saber: la vigilia, el soñar y el sueño profundo. *Turiya* también significa 'donde está la consciencia'.

138. La experiencia de que «yo soy» es el **turiya***. Quien conoce el* **turiya** *es un* **turiyatita** *(aquel que se halla más allá del cuarto estado). Este es el estado en que me encuentro.*

El *turiya* es absolutamente fundamental para tu ser, aunque normalmente no lo percibes, porque estás imbuido en los otros tres estados, de los que sí eres consciente. El *turiya* es el «yo soy» en su forma no verbal más pura. Quien comprende esto y lo trasciende es llamado en la tradición hindú *turiyatita* (aquel que se encuentra más allá del cuarto estado), que es el estado del gurú.

139. El turiya *o el «yo soy» está dentro de la consciencia, que es el producto de los cinco elementos.*

Puesto que está más allá del *turiya*, el gurú lo conoce muy bien y nos dice que el *turiya* o «yo soy» es el principio del nacimiento y que está en el interior de la consciencia. Y ¿qué es esta consciencia o «yo soy»? Es un producto de los cinco elementos que conforman el cuerpo. Es la esencia misma de los cinco elementos y las tres cualidades y emite su «zumbido» durante toda tu vida.

140. Con el fin de establecerse en el «yo soy» o turiya *tienes que comprender el principio del nacimiento.*

Una vez más, el gurú recalca aquí la importancia de comprender el estado de *turiya*, o «yo soy», con el fin de que te estabilices en él. Para ello, deberás retornar repetidamente al momento en que el «yo soy» apareció en ti por primera vez. El *turiya*, que permanecía latente desde el día en que te concibieron, de repente brotó, espontáneamente, y llegaste a saber que «eres». Este estado no verbal o *turiya* imperó durante un tiempo, a lo largo del cual tú solo sabías que «eras» o «no eras».

Gradualmente, dentro del proceso de tu condicionamiento, el «yo soy» se identificó muy pronto con el cuerpo y te convertiste en un individuo (el señor o la señora Tal o Cual) que vive en este mundo. Los otros tres estados (la vigilia, el soñar y el sueño profundo) se apoderaron de todo el proceso y olvidaste el trasfondo, el *turiya*.

141. En la tradición hindú, el **turiya** *o «yo soy» se describe siempre como el estado de testigo que percibe más allá de los estados de la vigilia, el soñar y el sueño profundo. Y el* **turiyatita** *está incluso más allá.*

Llevando su comentario sobre el *turiya* un poco más lejos, el gurú lo describe como el estado de testigo o atestiguación que está detrás de los estados de la vigilia, el soñar y el sueño profundo. El *turiya* lleva a cabo su papel como testigo a través de estos tres estados.

Como aconseja el gurú, aplicarse en la meditación profunda es necesario para establecerse en el *turiya* o «yo soy». Solo entonces tienes la oportunidad de trascender el «yo soy» y convertirte en un *turiyatita*, que es quien está más allá del *turiya* o «yo soy».

142. Cuando el concepto básico «yo soy» está ausente, no hay pensamientos ni conciencia, incluida la conciencia de la propia existencia.

Comprender la importancia del concepto básico «yo soy» llega de la mano de meditar constantemente en él. Cuanto más te asientes en él, más te darás cuenta de lo que es. Todo se apoya en el «yo soy»: todos los pensamientos que se generan en ti, todas las acciones que realizas, la percepción misma de tu ser, tu existencia. Si se va el «yo soy», todo esto se va, como en el estado del sueño profundo y en el estado anterior a la aparición del «yo soy».

143. Junto al cuerpo y el principio interior «yo soy» todo lo demás cobra existencia. Antes de eso, ¿qué había?

El principio interior «yo soy» es absolutamente esencial para que todo emerja.

Es posible que el cuerpo esté ahí, pero a menos que surja el principio «yo soy» no se puede llegar a conocer nada. Una vez que hayas comprendido la importancia de la conciencia «yo soy», todos tus esfuerzos se deben centrar en investigarla. Lo primero que has de preguntar es cómo llegó el «yo soy» a la existencia, qué había antes de él.

144. Aférrate al «yo soy», que es tu único capital. Medita sobre él y permite que despliegue todo el conocimiento que te puede mostrar.

Has vagado durante mucho tiempo por los caminos de la espiritualidad y he aquí que por primera vez te encuentras con esta afirmación tan sencilla. El gurú sigue intentando hacerte comprender el «yo soy» de todas las maneras posibles. Ahora dice que el «yo soy» es el único capital que posees. Recuerda que está en lo cierto: después de todo tu peregrinar, en realidad no posees nada más. Hazle caso y medita ahora sobre la conciencia «yo soy». El gurú te dice por propia experiencia que esta misma conciencia te mostrará cualquier cosa que desees saber.

145. Debes identificarte únicamente con el conocimiento interior que es el «yo soy». ¡Eso es todo!

Corta todas las amarras que te atan a todo lo que se añadió al «yo soy» y acabó con su pureza. Una vez que hayas hecho esto con precisión quirúrgica, sencillamente permanece ahí e identifícate con el puro conocimiento interior que es el «yo soy». Este conocimiento es la única herencia que tienes, y todo lo que debes hacer es comprenderlo y permanecer con él.

Si haces esto con dedicación, llegará un momento en que irás más allá del «yo soy» y descubrirás tu estado natural.

146. Siéntate en meditación identificándote con el «yo soy». Sumérgete únicamente en el «yo soy». No te quedes solo en las palabras yo soy.

Una vez comprendido el conocimiento «yo soy», sumérgete o establécete solo en el «yo soy», sin palabras. Para llegar a hacerlo, tendrás que regresar al periodo que siguió a la aparición del «yo soy» o, dicho de otro modo, al momento en que supiste que «eres».

En aquel tiempo no conocías las palabras ni el lenguaje y vivías en un estado no verbal. Tienes que atrapar ese estado y establecerte en él. Aquel tiempo estaba vacío de conceptos, los cuales llegaron más tarde, como parte de tu condicionamiento.

147. Olvida por completo cualquier disciplina física en relación con la espiritualidad y sencillamente quédate con la conciencia «yo soy».

A lo largo del tiempo se han formulado multitud de disciplinas físicas y al final eres tú quien debe elegir la que te parece más adecuada.

Sin embargo, aquí el gurú nos pide que olvidemos todas esas disciplinas; nos dice algo que es absolutamente diferente: desea que comprendamos nuestra conciencia de ser en toda su pureza y que después sencillamente permanezcamos ahí con ella. Comprender la conciencia «yo soy» es importante, así como lo es permanecer en ella. Ambas cosas juntas conforman la *sadhana*.

148. ¿Necesitas llevar a cabo algún esfuerzo especial para saber que «eres»? El «yo soy» no verbal es Dios.

Si has comprendido la conciencia «yo soy», ¿qué sentido tiene hacer nada? No es de extrañar que el gurú haya desechado toda disciplina física. Advierte la belleza de lo que dice: ¿acaso saber que «eres» requiere algún esfuerzo? Es algo que está tan incrustado en ti que ni siquiera lo percibes.

Ahora el gurú te pide que lleves tu atención a la conciencia de «ser», te centres en ella y esperes a ver qué ocurre.

El conocimiento interior «yo soy» no verbal, carente de palabras, es Dios dentro de ti.

149. Debes cumplir la promesa de que no eres el cuerpo sino solamente el principio interior «yo soy».

Para poder comprender la verdadera relevancia de lo que se ha dicho hasta ahora, has de tener la certeza de que no eres el cuerpo sino únicamente el conocimiento o conciencia «yo soy». Para lograr esta certidumbre debes meditar en la conciencia «yo soy» durante un periodo de tiempo razonablemente largo.

Romper los vínculos con la percepción del cuerpo y sentirse completamente anegado por la conciencia «yo soy» es lo primero y lo último que hay que hacer, la única promesa que hay que cumplir. Podría decirse que es la práctica de permanecer en todo momento en el *turiya*, el cuarto estado.

150. Una vez que te conviertas en el «yo soy», él te revelará todo el conocimiento y no necesitarás acudir a nadie para que te guíe.

El comportamiento del gurú ante cualquiera que se le acerque es el siguiente: primero, trata de hacerle comprender lo que es el «yo soy»; segundo, le pide que se estabilice en el «yo soy» hasta que se convierta en el «yo soy». Eso es todo lo que hace.

Ahora que el trabajo del gurú está hecho, el resto es asunto del discípulo. Su éxito depende totalmente de si ha entendido el «yo soy» correctamente y de si está llevando a cabo la *sadhana* o no. Claro está, puedes contar con que el gurú no va a cejar en su empeño de impartir la enseñanza, con tal de que tenga ante sí un buscador sincero y honesto.

151. El concepto primigenio «yo soy» aparece espontáneamente y es el origen de todos los conceptos. Todos estos no son más que entretenimientos mentales.

La primera vez que supiste que «eres», ¿cómo ocurrió? ¿Tomaste parte activa en la generación de esta conciencia? No; vino de manera totalmente espontánea, por su cuenta. En su fase incipiente el «yo soy» era puro, no verbal, y nada se había adherido a él.

Poco a poco, a medida que fuiste creciendo, este «yo soy» puro, no verbal, se puso el disfraz del «yo soy» verbal. La identidad «tal persona» se adhirió a él, y luego siguieron un sinnúmero de apegos y agregados. De modo que puedes ver que el concepto primigenio fue el «yo soy» y que todos los demás conceptos lo siguieron. Ahora, tras haber seguido y comprendido las enseñanzas del gurú, ¡te has dado cuenta de que el «yo soy» es falso! ¡Has cortado la raíz! De ahí en adelante, cualquier cosa que siga ¿puede ser algo más que un entretenimiento mental?

152. El recuerdo «yo soy» no es verdadero ni falso; no tiene atributos de lo uno ni de lo otro. Ese recuerdo de «ser» solo parece que existe.

¿Qué da continuidad a tu vida? El recuerdo «yo soy», el recuerdo de «ser», junto con la creencia «soy tal persona, que vive en este mundo», y «por ser tal persona, tengo estas tareas y responsabilidades que cumplir».

Observa el truco que ha llevado a cabo el «yo soy» y verás que no es ni verdadero ni falso, pues está carente de los atributos de ambos. Lo mismo que puede decirse del «yo soy» podría decirse de un sueño: es innegable que ocurra, pero su contenido es falso. El «yo soy» es una apariencia en tu Ser verdadero. Tan solo parece y parecerá existir; no puede entrar nunca en el territorio de la Realidad.

153. El «yo soy» es el mismísimo mundo. Ve a su origen y averigua cómo y cuándo surgió.

A medida que tu comprensión de la conciencia «yo soy» se aclara, te das cuenta de que todo tiene su base en el «yo soy». Es el fundamento mismo del mundo que ves a tu alrededor.

Antes de la llegada del «yo soy», o durante el sueño profundo, no sabías ni sabes de la existencia de ningún mundo. El «yo soy» está en el origen mismo del mundo, así que debes retroceder hasta él, y no solo esto, sino pasar un tiempo considerable con él. Solo entonces lograrás saber cómo llegó a existir.

154. La convicción de que el «yo soy» y el mundo nunca han existido solo puede tenerla Parabrahmán (el Absoluto).

Al permanecer en el «yo soy» tras haberlo comprendido por completo o al practicar fervientemente la *sadhana* tal como la ha dictado el gurú, llega un momento en que trasciendes el «yo soy». Cuando esto ocurre, tanto el «yo soy» como el mundo desaparecen y entras en el estado Absoluto o Parabrahmán. Solo en este estado podrás tener la convicción de que el «yo soy» y el mundo nunca existieron. El gurú se encuentra en ese estado; ha pasado más allá del «yo soy» y del mundo, y solo utiliza el «yo soy» o su «ser» para comunicarse con quien acude a él.

155. Estabilizarse en el «yo soy», que no tiene nombre ni forma, es la liberación misma.

En el momento en que regresas al «yo soy» en su forma más pura, es decir, como era en su estado incipiente, y te estabilizas ahí, tu nombre y tu forma desaparecen. El «yo soy» incipiente es común a todos; no pertenece a nadie en particular y carece de nombre y forma. En las primeras etapas de tu vida estuviste en ese estado, cuando residías únicamente en el «yo soy» y no sabías nada más. Aplica tu mente ahora a tratar de recordarlo y revivirlo.

156. La conciencia que es anterior al pensamiento —el «yo soy»— está cubierta por un cuerpo humano —que es el cuerpo del alimento— más el hálito vital y la conciencia del Yo (prana y jnana).

El primerísimo «yo soy» carecía de nombre y forma, no conocía las palabras, era no verbal. Gradualmente, a medida que comenzaron los procesos de condicionamiento, el «yo soy» no verbal se convirtió en el «yo soy» verbal.

Aprendemos palabras y un idioma, que se van acumulando sobre el «yo soy» no verbal. A través de los sentidos percibes el cuerpo, que requiere alimentos y el aliento vital para mantenerse. El «yo soy» se identifica con el cuerpo y tú comienzas a decir «soy tal persona».

A pesar de todas estas capas, el conocimiento interior del Yo, o el puro «yo soy», siempre está ahí presente. Se trata únicamente de descartar todo lo demás, destapar el «yo soy» puro y establecerse en él. Esta es la *sadhana* que el gurú ha prescrito.

*157. Una vez que alcances el estado «yo soy» y percibas únicamente eso, habrás trascendido todas las tendencias latentes (*vasanas*).[12]*

Las *vasanas*, o tendencias y deseos, tiran con gran fuerza y son un claro obstáculo en la *sadhana*. Los deseos obvios (los que están en la superficie) son fáciles de identificar, pero los profundos y sutiles entran a escondidas por la puerta trasera o permanecen tozudamente en el fondo. El deseo «de ser» es la raíz última, aunque esto a veces se nos escapa. Este deseo se ha desarrollado poco a poco, a través del tiempo, como el «yo soy» verbal, junto con la identidad «soy tal persona». Sin embargo, si recuerdas y eres observador, tendrás claro que cuando surgió el puro «yo soy» no verbal, o tu sensación de «presencia», no había ni rastro de deseo en él; el deseo no estaba ni tan siquiera latente.

El puro «yo soy», no tocado por el deseo, es tu meta ahora. Cuando permaneces en el «yo soy» con una comprensión total, llega un momento en que solo eres consciente de él. Únicamente cuando llegues a este estadio habrás trascendido todos tus deseos y ya no te incomodarán más.

158. Fúndete con el Yo, con el «yo soy». Si es necesario, desecha las palabras yo soy; *incluso sin ellas sabes que «eres».*

Tienes que identificarte totalmente con tu conocimiento interior del «yo soy». Este conocimiento, o conciencia del «yo soy», llamado también sensación de «presencia», surgió en ti de forma espontánea; llegó sin tú pedirlo o sin que voluntariamente lo quisieras. Cuando llegó no conocía las palabras; no era más que una sensación de «ser», de «existir». Mientras permaneció en este estado no se necesitaron palabras, y la vida continuó. Solamente cuando comenzó el proceso de condicionamiento las palabras y el lenguaje entraron en escena y pronto se hicieron cargo de todo. Esta toma de control ha sido tan absoluta que no puedes concebir la vida sin las palabras, que ahora existen como conceptos. Así que, para que tu meditación sea efectiva, Maharaj te invita a que descartes las palabras *yo soy*, ya que incluso sin ellas tú «eres».

159. «Yo soy» es la conciencia anterior al pensamiento. No puede expresarse en palabras; tú debes solamente «ser».

Cuando la conciencia «yo soy» surgió en ti, no conocías las palabras ni el lenguaje. Era una conciencia sin pensamientos, anterior a los pensamientos.

Si bien utilizamos palabras para comunicarnos, resulta obvio que no podemos usarlas para describir un estado no verbal. Se puede insinuar, se puede indicar, pero su comprensión verdadera solo llega cuando nosotros somos eso.

De modo que abandona las palabras y «solamente sé». Después, observa qué ocurre.

160. El «yo soy» en ti vino del «yo soy» de tus padres, pero solo entonces pudieron llamarse «padres».

La enseñanza convencional dice que tu «yo soy» viene del «yo soy» de tus padres, o que tus padres te han creado. Pero piensa en ello desde el punto de vista opuesto: tus padres solo se pudieron llamar tus padres cuando tú llegaste, ¡no antes! Antes de eso, eran simplemente una pareja, unos futuros padres acaso, o los padres de tus hermanos mayores, pero no *tus* padres todavía, hasta que tú llegaste.

Si lo vemos de esta manera, en cierto sentido tú y tus hermanos creasteis a vuestros «padres». Así pues, ¿quién creó a quién? ¿Cuál es la realidad?

*161. El «yo soy» es la divinidad dentro de ti y la causa de la repetición sagrada (*japa*) en tu respiración So Ham (Yo soy Eso).*

El «yo soy» es la divinidad o Dios que está en ti y que hace notar su presencia a través de la repetición sagrada del nombre de Dios (esta práctica se llama *japa* en sánscrito), que se lleva a cabo continuamente en forma de respiración. Los antiguos sabios de la India observaron la respiración con sumo cuidado y hallaron dos sonidos sutiles, uno en cada inhalación y otro en cada exhalación. Cuando inhalas lenta y profundamente, puedes oír el sonido *soooo* y cuando exhalas lentamente, *haaam*. La unión de los dos sonidos se llama So Ham, que en sánscrito significa 'Yo soy Eso'.

Mucha gente practica esta meditación de centrar su atención en la respiración y observar el sonido *So Ham*, que en la

India se considera un potente mantra (palabra o sonido sagrado con un significado profundo).

162. El Absoluto no sabe que «existe». Solo cuando la conciencia «yo soy» surgió espontáneamente en él, llegó a saber que existía.

No tiene sentido plantear que pueda haber experiencias en el Absoluto o Parabrahmán. Toda experiencia indispensablemente necesita de la dualidad constituida por el actor de la experiencia (sujeto) y lo experimentado (objeto). El Absoluto es un estado no dual, así que ¿quién va a experimentar qué?

Además, el Absoluto no requiere ninguna experiencia ni necesita saber que «es» o «existe». A través de la aparición espontánea de la conciencia «yo soy» llegó a saber que «es», aunque no necesite el «yo soy» en modo alguno, pues es completo en sí mismo y se halla desprovisto de cualquier deseo.

163. Iníciate en la comprensión de lo que te estoy exponiendo. Hablo sobre la semilla del Brahmán o del «yo soy» que estoy sembrando en ti.

Cuando delante del gurú hay un aspirante sincero, está deseoso de impartirle sus enseñanzas, y esta es su iniciación. Su enseñanza es muy sencilla. Él te hace despertar en el «yo soy» perdido hace tiempo, o Brahmán; el gurú lo llama plantar «la semilla del Brahmán» en ti. Es como cuando ves o te topas con algo deseable: desde el momento en que lo quieres desesperadamente, las semillas de su adquisición han sido sembradas. Así pues, una vez que «la semilla del Brahmán» ha sido sembrada en ti, si se dan las condiciones adecuadas, harás todo lo que esté en tu mano para verla florecer.

164. Únicamente el estado de Brahmán o «yo soy» lo abarca todo y constituye todas las manifestaciones. Tienes que olvidarlo todo y fundirte en Brahmán.

Cualquier cosa que sientas o veas tiene su base en el «yo soy», y el «yo soy» y Brahmán son lo mismo. Todo ha sido creado por el estado del «yo soy» o Brahmán; esto lo podrías afirmar a partir de tu experiencia: antes de la llegada del «yo soy», o en el estado de sueño profundo, ¿tenías noticias de tu existencia o de la del mundo y de todo lo demás? Fue solamente con el surgimiento del «yo soy» como nació el espacio, y el espacio lo engloba todo. Como parte de tu *sadhana* debes olvidar todas las cosas externas y fundirte con Brahmán.

165. Todo lo creado lo es por la conciencia «yo soy». No hay otro camino; solo esta convicción. ¡Así es! El nombre y el cuerpo nacen del «yo soy».

Primero tienes que desarrollar tu comprensión de que el «yo soy» es el creador de todo. Esto incluye tu nombre y tu forma; ambos son productos del «yo soy». Debes llegar a la profunda comprensión de que, efectivamente, el «yo soy» es el comienzo y el final de todo. Una vez que llegues a esta comprensión, debes permanecer en el «yo soy», meditar constantemente en él. La permanencia en el «yo soy» tiene el fin de que tu comprensión se convierta en una certeza o convicción inexpugnable. Esta es la única salida; no hay otro camino.

166. Cuando residas en el «yo soy» (que es Dios) ya no desearás irte. ¡Entonces, será él el que no te abandonará!

El principio interior «yo soy» es Dios, o la divinidad dentro de ti. Primero debes comprenderlo muy claramente, sin la menor sombra de duda. Si lo has entendido correctamente, no querrás abandonarlo ni por un instante. Si sientes amor y veneración por este «yo soy» es una clara señal de que lo has comprendido. Entonces, esta divinidad o Dios se aferrará a ti y no te abandonará.

167. El «yo soy» permanece ahí incluso si no lo percibes ni lo nombras. Una vez que comprendes el «yo soy» ya no hay nada más que entender.

La conciencia «yo soy» está siempre ahí; reside en todo, en todo momento. No existe ni una sola cosa que carezca del «yo soy», el cual se expresa a través de los cinco elementos y las tres cualidades. Según se combinan los elementos y las cualidades, así se expresa el «yo soy». Puede ser una expresión buena o mala, dependiendo de la combinación, pero el «yo soy» permanece puro.

Entender el «yo soy» es la base de las enseñanzas. Si lo comprendes, no te queda nada más que entender. En adelante, solamente queda la *sadhana*, que es meditar en el «yo soy». El fervor, la sinceridad y la intensidad de tu práctica determinarán tu progreso ulterior.

168. Cuando estás establecido en el «yo soy», no hay pensamientos ni palabras; tú lo eres todo y todo está en ti. Luego, incluso eso desaparece.

A medida que madura tu *sadhana*, tu convicción se hace más fuerte y te estableces firmemente en el «yo soy». Es decir, te instalas permanentemente en el *turiya* o cuarto estado. En este estado no hay pensamientos ni palabras: todo lo que hay es solamente el «yo soy»; tú lo eres todo y todo está en ti.

Cuando permaneces así, el terreno está preparado para que trasciendas el «yo soy». Al final, incluso este desaparece, y tú quedas como el Absoluto o Parabrahmán.

169. El «yo soy» carece de ego. Tú solo puedes observarlo estableciéndote en él.

Cuando estás establecido en el *turiya* o cuarto estado, no hay otra cosa excepto el «yo soy». Es el «yo soy» en su pureza extrema, sin adjuntos ni añadidos, y como resultado tampoco hay ego. El ego llega con el «yo soy» verbal, cuando dices «soy tal persona y estoy viviendo en este mundo». Cuando todo esto desaparece, no hay más que el «yo soy»; en ausencia de las palabras, el ego deja de existir.

Al asentarte en el *turiya* o cuarto estado te conviertes en el observador del «yo soy», separado de él.

170. Con la aparición del «yo soy» el Absoluto toma el papel del observador. Entonces el Absoluto sabe que «es».

El Absoluto o Parabrahmán es como es, eterno y sin forma. No requiere nada y no depende de nada. El Absoluto se torna observador con la espontánea aparición del «yo soy» en él, del mismo modo que cuando un sueño aparece espontáneamente tú lo observas, si bien no te involucras en los hechos que se sueñan. Con el surgimiento del «yo soy» el Absoluto sabe que «es», aunque este conocimiento no le es útil ni depende de él.

171. Los estados de vigilia, del soñar y del sueño profundo solamente pertenecen al «yo soy». Tú estás por encima de ellos.

Los estados de la vigilia, el soñar y el sueño profundo, que todos experimentamos diariamente, se basan en realidad en el «yo soy» o *turiya*, el cuarto estado. En la antigua literatura hindú abundan otras clasificaciones cuádruples similares: los cuatros cuerpos (cuerpo físico, sutil, causal y supracausal) y las cuatro formas de *vani* o del habla (*vaikhari*, 'palabra hablada'; *madhyama*, 'palabra tangible en el pensamiento'; *pashyanti*, 'palabra intangible en formación' y *para*, 'palabra origen').

De cualquier modo en que describamos estos estados, tu verdadero estado natural Absoluto, o Parabrahmán, está por encima de todos ellos. El «yo soy» o *turiya* solo aparece en el Absoluto y conduce a los otros tres estados y a las experiencias en el mundo.

172. Cuando profundizas dentro de ti, te encuentras con que no hay «nada». No hay ningún «yo soy». El «yo soy» se ha fundido en el Absoluto.

Tras comprender el «yo soy» se precisa una meditación profunda, intensa y continuada sobre él. Se debe realizar de tal manera que la conciencia «yo soy» medite sobre sí misma, sin identificarse en absoluto con el cuerpo.

Al hacer esto, llega un instante en que el «yo soy» desaparece; deja de estar ahí. En ese momento el «yo soy» se funde en el Absoluto, exactamente del mismo modo en que desaparecen los sueños cuando comienzas tu andadura en el estado de vigilia.

173. Comprende todo este asunto del «yo soy»; permanece separado de él y trasciéndelo. Limítate a «ser».

El gurú es tremendamente generoso; observa con qué tenacidad persevera contigo. Él conoce tu potencial y sabe que, al menos teóricamente, entiendes sus enseñanzas. Con el repetido martilleo de estas, desea que te asientes en el «yo soy», puesto que solo entonces tendrás ocasión de trascenderlo. Está constantemente instándote a que entres en el *turiya* o cuarto estado. El gurú procura esto, incansablemente, en relación con cualquiera que acuda a él y que él sienta que es un auténtico buscador espiritual. Tras haberlo explicado todo, te dice: «Ahora que ya has comprendido todo, limítate a "ser"».

174. La historia de todos nosotros comienza con el «yo soy», que es el punto de partida tanto del sufrimiento como de la felicidad.

No existe ni un solo ser desprovisto de «yo soy». Ocurra como ocurra, la historia de todos comienza con la llegada del «yo soy». A causa de circunstancias diversas estamos condicionados de forma diferente, lo cual, unido a las combinaciones de los elementos y las cualidades, se expresa de distintos modos. Esta expresión puede ser buena o mala; puede llevar al sufrimiento o a la felicidad. En cualquiera de los casos, y cualquiera que sea el resultado, el punto de arranque es siempre el «yo soy».

175. Con anterioridad a la aparición de la forma en el seno materno, la esencia de los alimentos toma la forma «yo soy», que aparecerá a los nueve meses.

Como se ha apuntado antes, el «yo soy» se encuentra en todas partes en la naturaleza. Los alimentos que consume «el cuerpo de alimentos» contienen también el «yo soy», que se traslada al gameto.

El proceso de la concepción no es otra cosa que la perpetuación del «yo soy» en el feto. Desde el nacimiento hasta más o menos la edad de tres años el «yo soy» permanece latente, hasta que, espontáneamente, sale a la superficie. Así pues, es el «yo soy» el que aparece y desaparece, lo cual, para nosotros, es el nacimiento y la muerte.

176. Estabilízate en el bindu *(punto) «yo soy» y trasciéndelo.* Bindu *significa 'sin dualidad' (*bin*, 'sin', y* du*, 'dos').*

Estamos tratando del «yo soy» de nuevo, pero ahora con un nombre diferente, para que podamos comprenderlo mejor: *bindu* o punto, el cual, si lo descomponemos en las palabras *bin* y *du*, significa 'sin dualidad'.

¿Cómo es esto? A medida que sostienes el foco de tu meditación en el «yo soy» —o, dicho de otro modo, cuando la conciencia «yo soy» medita sobre sí misma durante largo tiempo—, llega un momento en que el «yo soy» está en todas partes.

Cuando ocurre esto, no hay otra cosa que el «yo soy», en un estado no dual. El *bindu* no está en ninguna parte y, a la vez, está en todas partes; vive en tu interior. Encuéntralo y asiéntate en él.

177. Es el «yo soy» el que investiga al «yo soy». Cuando constata su falsedad, desaparece y se funde en la Eternidad.

En este preciso instante en que estás leyendo estas líneas, o que estás reflexionando sobre ellas, ¿quién es el que está haciéndolo? Se trata de la conciencia «yo soy» investigando al «yo soy». Todo lo que uno hace tiene el «yo soy» en el fondo. El «yo soy» es la fuerza motriz que se halla detrás de esta empresa: él desea saber, desesperadamente, qué es él mismo.

A medida que crece la comprensión y constata su propia falsedad, desaparece. Una vez hecho esto, no hay nada más que hacer. Entonces ya estás en la Eternidad.

178. La conciencia «yo soy» es Dios. Si actualmente no eres capaz de comprenderla, al menos venérala.

Si a pesar de todos tus empeños, incluso tras un enorme esfuerzo de investigación y estudio por tu parte, todavía no puedes entender el «yo soy», ¿qué puedes hacer? No te desanimes; el gurú te dice que hay una solución. Para comenzar, debes darte cuenta de que el *jnana marga* (el sendero del conocimiento) no es para ti.

Una vez que te hayas cerciorado de ello, debes dedicar tu atención al *bhakti marga* (el sendero de la devoción). Y ¿qué es lo que se debe venerar? La conciencia «yo soy», que es Dios en tu interior.

Recuerda que ambos senderos se complementan: el conocimiento lleva a la devoción y la devoción lleva al conocimiento. Es un mero asunto de predisposición personal en cuanto a lo que te va mejor, pero no dudes de que por cualquiera de los dos caminos llegarás.

179. Si quieres, considera el «yo soy» como tu prarabdha *(destino). Fúndete con él; entonces podrás trascenderlo.*

Tu destino te preocupa: «¿Tendré éxito en la vida? ¿Llegaré a ser esto o lo otro? ¿Sufriré alguna enfermedad grave?». Y luego está el miedo a la muerte, a cómo llegará; la muerte se halla siempre agazapada entre las sombras. Pero ¡mira lo que te dice el gurú! El «yo soy» no solo es algo asombroso sino además gratificante, ya que te libera de un manojo de preocupaciones y aprensiones. ¿Por qué no considerar el «yo soy» como tu destino? Yo me convertiré en el «yo soy» y en nada más; este es mi destino. Permanece únicamente en el «yo soy», medita solo en él, día y noche, a todas horas y en todo lugar. ¿Qué ocurrirá cuando aceptes el «yo soy» como tu destino? Lo podrás trascender y liberarte de los garfios del nacimiento y la muerte, lo cual es la mayor recompensa que puedas imaginar.

180. Junto a la conciencia «yo soy» aparecen el espacio y el mundo. Cuando la conciencia «yo soy» desaparece, el mundo resulta aniquilado.

Piensa con ahínco, aplica tu mente e intenta recordar el momento de la primera aparición espontánea del «yo soy» en ti, cuándo llegaste a saber que «eres». Si esto es difícil, trata de observar lo que ocurre la próxima vez que despiertes de un sueño profundo. El «yo soy», el espacio y el mundo surgen casi simultáneamente, de golpe. Luego, el resto de los elementos se apoderan de todo, y el hecho de que esas tres cosas aparecieron en ti queda olvidado. ¿Qué es lo que sostiene tu percepción? ¿No es el «yo soy»? Mientras el «yo soy» esté presente, percibirás el espacio y el mundo. Si el «yo soy» desaparece, ambos se desvanecen.

181. Remacha dentro de ti que el «yo soy» o el «ser» es el padre de todas las manifestaciones. Entonces, el propio «yo soy» te ayudará a estabilizarte en el «yo soy».

Para poder creer y entender que el «yo soy» o el «hecho de ser» es la raíz de toda la manifestación hay que recorrer un camino inverso. Esto significa regresar al instante en que supiste por primera vez que «eres». Antes de ello, ¿sabías algo acerca del mundo manifestado que ves con tus ojos? No existía para ti.

Del mismo modo, en el sueño profundo, cuando el «yo soy» está retraído, el mundo no existe para ti. Cuando surge el «yo soy», surge a la vez todo lo manifestado. Si se va el «yo soy», ¡todo desaparece! A medida que comprendes todo esto y te familiarizas con ello, el «yo soy» se reconcilia contigo y te ayuda a estabilizarte en él.

182. El Absoluto es el que observa al «yo soy». Pero el Absoluto no posee ojos ni sentidos; la atestiguación sencillamente acontece.

Cuando te estableces en el «yo soy», llega el momento en que te reconoces separado de él. El Absoluto observa al «yo soy» y esto sucede sin la ayuda de la vista ni de los demás sentidos; la atestiguación sencillamente ocurre. El «yo soy» surge de modo totalmente espontáneo en el Absoluto. Cuando el «yo soy» desaparece, el Absoluto permanece.

183. Te estoy presentando a tu verdadero «yo soy». La primera etapa consiste en meditar sobre el «yo soy» y estabilizarse en él.

Esto es lo que el gurú ha estado haciendo todo el tiempo: ha intentado hacerte comprender la conciencia «yo soy» de todas las maneras posibles.

Incluso ha llegado al punto de decir que si no lo entiendes, sencillamente lo adores como a Dios en ti. Después de que el gurú te ha presentado a tu verdadero «yo soy», te pide que medites en él, lo que te ayuda a estabilizarte en él. Entonces todo está preparado para que puedas trascenderlo.

184. Lleva contigo la convicción de que la conciencia «yo soy» dentro de ti es Dios.

Grande es el número de aspirantes que llegan a la puerta del maestro. Este con una mirada ve cómo es cada uno, de modo que expone las enseñanzas de acuerdo con la capacidad de cada cual. Algunos permanecen junto al maestro durante un tiempo y llegan a comprender al menos una parte de las enseñanzas. Cuando llega el momento de irse, piden al gurú un último mensaje de despedida que les sirva tras su partida. El maestro les pide que estén convencidos en su interior de que la conciencia «yo soy» dentro de ellos es Dios y que vivan de acuerdo con ello. Les dice que con esto basta.

185. A aquel que medita en el «yo soy», todo se le aclara en el ámbito de la consciencia.

Tras comprender el «yo soy» no verbal, la meditación sobre él, que constituye la *sadhana*, es totalmente necesaria; no se puede eludir. A aquel que siga las enseñanzas de su maestro y medite con firmeza en el «yo soy» no verbal se le revelará todo lo que hay en el terreno de la consciencia. Sabrá cómo surgió la consciencia y que esta es la creadora de todo.

La revelación final será que él no es en modo alguno la consciencia, sino que está separado de ella como Absoluto o Parabrahmán.

186. Puedes ir a cualquier lugar, pero nunca olvides que la conciencia «yo soy» es Dios. Día tras día, a través de la meditación, esta convicción se hará más firme.

Ya has pasado algún tiempo con el maestro, has intentado absorber sus enseñanzas, pero no puedes quedarte indefinidamente con él. A la hora de irte le pides al gurú un consejo para tu vida cotidiana, y él te dice que adondequiera que vayas nunca olvides que el «yo soy» es Dios. La práctica es esencial.

Poco a poco, a medida que esta crezca en intensidad y duración, llegará el día en que tendrás la firme convicción de que la conciencia «yo soy» es Dios en realidad. Si permaneces inmerso en el «yo soy», tienes muchas posibilidades de trascenderlo.

187. No te preocupes por nada; tan solo permanece estable en el «yo soy». Llegará el momento en que este se sentirá feliz contigo y te revelará todos los secretos.

Por supuesto, pasarás por periodos de frustración y momentos de duda. Puede ser que tus compromisos mundanos obstaculicen tu *sadhana* y que se instale en ti una sensación de derrota. Pero, ocurra lo que ocurra, deja todo de lado; no te preocupes por nada y continúa estable en el «yo soy» con toda tu firmeza. El «yo soy» pondrá a prueba tu aguante, pero llegará un momento en que estará satisfecho contigo, se hará amigo tuyo y soltará su yugo sobre ti.

188. La trampa del nacimiento y la muerte está causada por el «yo soy». Permanece en él, llega a comprenderlo y trasciéndelo.

Observa las dos caras del «yo soy» (pues tiene dos caras, igual que el dios Jano). Él actuó como enemigo tuyo cuando puso la trampa del nacimiento y la muerte, en la que caíste. Una vez que resultas atrapado, necesitas llevar a cabo un enorme esfuerzo para liberarte.

Si tienes la suerte de toparte con un verdadero gurú o sus enseñanzas, solo entonces gozarás de la oportunidad de liberarte de la trampa.

Las palabras del gurú son extremadamente sencillas y directas: comprende el «yo soy», establécete en él, llega a conocerlo y trasciéndelo. Cuando te estableces en el «yo soy», se hace tu amigo y te ayudará en adelante.

189. Establécete en el «yo soy» no verbal, en el paravani. *Pero tú, el Absoluto, no eres eso.*

Los antiguos sabios de la India clasificaron *vani* (el lenguaje, el habla) en cuatro categorías: *vaikahri*, o palabra hablada; *madhyama*, que es el lenguaje mental o pensamiento no expresado en palabras; *pashyanti*, o etapa formativa, en que la palabra es aún intangible, y finalmente *para*, o la fuente no verbal de todo lenguaje.

Cuando hablamos, todo esto tiene lugar en un movimiento secuencial muy rápido. Pero *vani*, el lenguaje, es uno solo; la clasificación mencionada se hizo para facilitar su comprensión, y el orden natural es el siguiente: *para*, *pashyanti*, *madhyama* y *vaikahri*.

Se dice que estos cuatro, en este orden, se corresponden con los cuatro estados de la consciencia: *turiya*, el sueño profundo, el soñar y la vigilia. A medida que regresas, retrocedes de la palabra hablada al «yo soy» no verbal, que es el estado *turiya* o *paravani*. Pero tú, el Absoluto, no eres ninguno de estos estados.

190. Tu verdadera identidad —el Absoluto— es anterior al «yo soy». ¿Cómo podrías proporcionarle un uniforme?

El uniforme o vestimenta que hemos dispuesto para nuestra verdadera identidad es el cuerpo con sus sentidos y la mente con sus conceptos.

El concepto primario es el «yo soy», que carece de nombre y forma y ha aparecido espontáneamente en tu auténtico Ser. Tu verdadera identidad, el Absoluto o Parabrahmán, es anterior al «yo soy»; así pues, ¿cómo vamos a hacer que quepa en un uniforme?

191. Mi gurú me enseñó lo que «soy» y medité solamente en ello. Mi naturaleza original es permanecer en ese estado donde no existe el «yo soy».

El maestro nos dice cómo llegó a conocer su verdadera identidad y desde su propia experiencia expone esa misma enseñanza para nuestro beneficio. De ahí podemos comprobar lo importante que es comprender el «yo soy», meditar sobre él y establecerse en él. Este es el primer estadio de cara a llegar a conocer nuestra naturaleza original, que es anterior al «yo soy». Solo tras establecerte en el «yo soy» podrás trascenderlo. Entonces te encontrarás en tu estado Absoluto original, que carece por completo del «yo soy».

192. El «yo soy» sencillamente ocurrió, y entonces se urdió el mundo entero. Antes de eso, no te había llegado el mensaje «yo soy». Tú existías, pero no lo sabías.

El «yo soy» es el comienzo y el final de todo; fue con la aparición del «yo soy» como se formaron todas las manifestaciones. *Yo soy* son dos palabras solamente, pero mira qué caos han generado, en la forma de este mundo. El modo en que el «yo soy» ha llevado a cabo todo esto es desde luego sorprendente: ¡no crees ni por un momento que todo es falso y que en realidad nunca llegó a existir! Tú, el Absoluto, estás siempre ahí, exista o no el «yo soy». La aparición del «yo soy» solo te dio el mensaje de que «eres».

193. En el infinito, el estado «yo soy» es solo temporal. No pierdas tu verdadero punto de vista; si lo haces, te verás engañado.

El Absoluto, el estado infinito, reina siempre. La aparición del estado «yo soy» en él es temporal y un día desaparecerá, pero el infinito está siempre ahí, como siempre ha estado. El «yo soy», en su estado incipiente, es absolutamente libre; no tiene nombre ni forma. Pero pronto el proceso de condicionamiento asume el control de todo y te embaucan para que creas que el «yo soy» es el cuerpo y la mente, y así pierdes tu punto de vista verdadero. Tienes que regresar y llegar al estado no verbal del «yo soy» y permanecer en él con el fin de que te des cuenta de su carácter a la vez falso y temporal. Cuando eso ocurre, vuelves a conquistar tu punto de vista verdadero como Absoluto infinito, que es como es y siempre será.

194. Agarra el «yo soy» y desaparecerán todos los obstáculos. Estarás más allá del territorio del cuerpo y la mente.

El gurú nos habla desde su propia experiencia. Ha hecho todo lo posible para que consigas entender el «yo soy». Lo primero que hace el maestro con cada aspirante que llega a él es hacerle comprender el «yo soy». Sobre la mayor o menor claridad que obtengas en relación con esta comprensión se asientan los cimientos de tu práctica y tu progreso. A menos que entiendas la verdadera importancia del «yo soy», no le prestarás la debida atención ni tratarás de aferrarte a él. El «yo soy» es impersonal y carece de nombre y forma; en el instante en que lo aferras y te fundes con él, alcanzas su misma categoría. Al convertirte en el «yo soy» pasas más allá del territorio del cuerpo y la mente.

195. Todas las preguntas están presentes porque el «yo soy» está ahí. Tras la desaparición del «yo soy», ya no hay preguntas.

El concepto más primario de todos es el «yo soy»; es la raíz, el verdadero principio de donde nacen todas las preguntas.

Cuando permaneces en el «yo soy», estás en su principio, de modo que ¿qué sentido tiene que haya preguntas ahí? Si ocurre que mientras moras en el «yo soy» te desvías, es posible que surjan preguntas, pero no hasta ese momento. Cuando te estabilices firmemente en el «yo soy», llegará el instante en que desaparecerá. Entonces no tendrá sentido que surjan más preguntas, puesto que la raíz habrá sido cortada.

196. Comprende el «yo soy», trasciéndelo y llega a la conclusión de que este estado del ser, el mundo y Brahmán son irreales.

Una vez más el gurú le pide al discípulo que, en primer lugar, comprenda el «yo soy», porque, si no es comprendido, queda en dos meras palabras. Si consideras que no son más que dos palabras, te encuentras todavía en el nivel verbal; incluso puedes malinterpretar a Maharaj y creer que te está pidiendo que reafirmes tu ego.

Nada está más lejos de la verdad. El «yo soy» al que el gurú se refiere es el «yo soy» no verbal, el «yo» primordial que surgió en el momento en que llegaste a saber que «eres». Este «yo soy» es impersonal y no tiene atributos, y es el lugar adonde debes retroceder y donde debes quedarte. Solo al trascender el «yo soy» podrás verificar que este estado del ser, el mundo y Brahmán son irreales.

197. La recitación So Ham se produce constantemente en tu pulso vital indicando «yo soy». Armonízate con ella a través del sonido.

En la respiración, como resultado del pulso vital, se observan dos sonidos sutiles durante la inhalación y la exhalación, que se perciben como *so ham*. En la tradición hindú este sonido se considera como un mantra y se utiliza en la práctica de *japa* (recitación). Significa «yo soy Eso». Este sonido *So Ham*, que está naturalmente disponible para ti, es en realidad no verbal e indica el «yo soy» primordial. Es probable que en el caso de algunas personas este método favorezca su práctica meditativa, así que el gurú recomienda recitar el mantra *So Ham* y armonizarse con este sonido.

198. La recitación So Ham —que indica «yo soy»— debe efectuarse durante un largo periodo. Este sonido es anterior a las palabras.

Cualquier *sadhana* ha de realizarse durante mucho tiempo. Durante cuánto depende, en gran parte, de la intensidad y firmeza con que la realices. Aquellos que se han fundido con su verdadera identidad después de un corto periodo son una rareza. El *So Ham* es anterior a las palabras y está a tu disposición todo el tiempo. Durante el proceso de autoindagación se ha llegado a él de este modo: *Deham Naham* («Yo no soy el cuerpo»), *Ko Hum?* («¿Quién soy yo?»), pregunta que obtiene la respuesta no verbal *So Ham* («Yo soy Eso»).

199. El «yo soy» es el único Dios al que hay que complacer. Si está satisfecho, te llevará al origen.

En la religión convencional, llena de exterioridades, hay una multitud de dioses a nuestra disposición.[13] Puedes ir de un dios a otro y, así, confundirte y perderte. Pero el «yo soy» está en nuestro interior y presente en todos los dioses; es más, carece de nombre y forma. Si tu naturaleza es la de adorar, venera al «yo soy»; es el único Dios a quien satisfacer. Si te haces amigo del «yo soy» y queda satisfecho, te conducirá al origen por medio de liberarte de sus garras.

200. Un jnani *es alguien que ha llegado a una firme conclusión acerca de la naturaleza del «yo soy» y se mantiene separado de él.*[14]

¿Quién es un *jnani*? Un *jnani* es aquel que no solamente ha entendido y desarrollado una firme convicción en cuanto a la conciencia «yo soy», sino que además la ha trascendido. El *jnani* ha logrado esto por medio de la *sadhana* consistente en meditar sobre el «yo soy» durante el tiempo suficiente, de modo que, a lo largo del proceso, fue más allá del «yo soy» y se mantuvo separado de él. Al haber hecho esto, se ha liberado del ciclo de nacimientos y muertes.

201. Ese sonido sin sonido, la vibración «yo soy», es un constante recordatorio de que tú eres Dios. Para comprenderlo y unirse con él, medita en él.

El sonido *so ham*, que puede observarse durante la inhalación y la exhalación en la respiración, es muy sutil. La vibración del «yo soy» es incluso más sutil y la han llamado «el sonido sin sonido». Es un recordatorio constante de que eres Dios.

El gurú recomienda meditar en este «sonido sin sonido» o también en el «yo soy» no verbal para comprenderlo y unirse con él. Una comprensión meramente teórica o verbal no es suficiente; debes hacerte uno con él. Para llegar a ello, la meditación es esencial.

202. Estás asentado en el «yo soy» sin ningún esfuerzo, así que quédate ahí. No intentes interpretar el «yo soy».

La meditación, la comprensión y la unión son procesos complementarios y funcionan como un todo. Siempre estás en el «yo soy»; ¿acaso necesitas hacer un esfuerzo para saber que «eres»? De modo que quédate en él. No se pueden utilizar palabras para describir lo no verbal; en el mejor de los casos solo sirven como punteros que nos muestran la dirección. Cualquier intento por tu parte de interpretar el «yo soy» malograría el propósito mismo de comprenderlo y ser uno con él.

En realidad, funciona del modo opuesto: cuando se acaban todas las interpretaciones, te sitúas en el «yo soy» no verbal. En última instancia, hay que dejar a un lado y olvidar incluso este *Nisargadatta Gita*. Es entonces cuando comenzará realmente tu *sadhana*.

203. El «yo soy» en su forma corporal solo puede alcanzar su estado más elevado si lo comprendes, lo aceptas y permaneces en él. Entonces te liberas del nacimiento y de la muerte.

En el momento presente estás en este cuerpo dotado de la conciencia «yo soy». Entiende esta conciencia y haz que medite sobre sí misma durante una cantidad de tiempo razonable. Verás que, al final, solamente permanece el «yo soy»; no queda nada más. Este es el estado más elevado de la conciencia «yo soy» en su forma corporal (también llamada *turiya* o cuarto estado). Al comprender el «yo soy», aceptarlo y permanecer en él, ya no tiene sentido hablar de la rueda de reencarnaciones.

204. El «yo soy» es ilusorio y temporal pero anuncia al Absoluto. Quien conoce esto conoce el principio de lo eterno.

El «yo soy», en su forma más pura, no verbal, anuncia al Absoluto o Parabrahmán. Tiene su momento de aparición y de desaparición; es siempre temporal e ilusorio como un sueño.

Para comprender bien la naturaleza del «yo soy», hay que regresar al momento en que surgió por primera vez, espontáneamente. Si esto es difícil de realizar, intenta observar el momento en que el «yo soy» aparece al despertar tras un profundo sueño.

205. *En el seno materno el «yo soy» yace latente. A la edad de tres años surge de forma espontánea. Llega a su punto culminante en la edad madura y disminuye en la vejez, para finalmente desaparecer.*

Entre la aparición y desaparición del «yo soy» tiene lugar una vida entera. Ni su llegada ni su partida están en tus manos; ocurren espontáneamente. Los cambios que experimenta tu firma a través de los años constituyen un buen indicio del ascenso y descenso continuo del «yo soy».

En la última etapa de la vida no puedes firmar como lo hacías en tu madurez o en tu juventud. Incluso si consigues hacerlo, tienes que llevar a cabo un gran esfuerzo, y se percibe una ligera debilidad en el pulso.

206. *Si deseas recordarme o quieres recordar tu visita, no olvides esto: la conciencia «yo soy».*

Durante cada momento en que has estado con el gurú, él tenía un único objetivo: realizar cuantos intentos fueran posibles para empujarte hacia el «yo soy» o *turiya*.

Mientras te estás preparando para partir, o cuando ya te estás yendo, te dice que si deseas recordarlo de algún modo, o recordar la visita que le has hecho, no olvides la conciencia «yo soy».

Cuando siente que tiene ante sí un aspirante sincero, siembra la semilla de Brahmán en él con la esperanza de que un día brotará, madurará y le liberará. Si así ocurriese, ese discípulo a su vez sembrará la semilla de Brahmán en muchos otros.

207. La identidad corporal es incapaz de captar esta conciencia; solo la conciencia «yo soy» debe captarla. Cuando la conciencia «yo soy» permanece consigo misma, resulta trascendida.

Si te sientas en meditación pensando «soy tal persona y estoy meditando», no tendrás ninguna posibilidad de hacerte uno con el «yo soy». Hay que cortar todas las ataduras externas de modo que solo quede el «yo soy», sin la idea del cuerpo. Cuando surgió, lo hizo en su grado de pureza más alto y esa es la razón por la que necesitas regresar y volver a aferrar el «yo soy» naciente.

Hazlo una y otra vez, hasta que te estabilices en ese «yo soy» no verbal. Ya pasaste por esa fase una vez, así que tan solo se trata de perseverar en la práctica y tener la suficiente resistencia. Cuando la conciencia «yo soy» no verbal permanece consigo misma existe la posibilidad de trascenderla.

208. Este «yo soy» que has disfrutado más allá del cuerpo es tu destino. Reside en él y él mismo te contará su historia.

Cuando permanezcas en el «yo soy» no verbal, y si lo recuerdas correctamente, sentirás la misma libertad y el mismo gozo que sentiste durante la fase del «yo soy» incipiente. En aquel momento no sabías nada en absoluto aparte del «yo soy», y lleno de gozo danzaste a su alrededor, totalmente libre de preocupaciones, ajeno a todo lo demás.

Luego llegó tu condicionamiento y el desarrollo del «yo soy» verbal, y ahí empezaron tus calamidades. Tu verdadero destino es el «yo soy» que está más allá del cuerpo; cuando te establezcas en él, te revelará su historia.

209. Cuando permaneces anclado en tu destino como «yo soy», compruebas que esto no significa la muerte para ti, sino la desaparición de tu «yoidad».

Sri Nisargadatta está revelando un secreto que posee una relevancia tan enorme que quizá solo unos pocos discípulos podrán comprenderlo en su totalidad. Te está diciendo: ¡tu destino no es la muerte, sino la desaparición del «yo soy»! Esta constatación solo será factible para quienes hayan trascendido el «yo soy» y llegado a ser conscientes de su verdadera identidad como el Absoluto o Parabrahmán. El «yo soy» que surgió en él (que hemos interpretado por error como el nacimiento) desaparece (lo cual hemos creído, por error, que es la muerte). Solo se trata de eso.

Esto no atañe al Absoluto en modo alguno, puesto que nunca existió como «yo soy». Así uno llega a la conclusión de que no ha nacido, nunca nació y permanecerá siempre como no nacido.

210. Estás más allá de los deseos, los cuales siempre dependen del «yo soy». No intentes suprimirlos; sencillamente, no te identifiques con ellos, y desaparecerán.

Casi un tercio de los aspirantes preguntan al gurú qué pueden hacer con los deseos. Constituyen un obstáculo que todos tenemos que superar; pero se erigen en un impedimento tan grande que parece casi insuperable.

A todos esos aspirantes, el gurú les dice que están más allá de los deseos, que los deseos pertenecen al «yo soy» y dependen de él. De modo que más que pretender suprimir los deseos sería más útil no identificarse con ellos; así desaparecerán. Comprender el «yo soy» no verbal y meditar en él es lo que nos allana más el camino mientras dura este proceso.

211. ¿Por qué decir que hacemos algo? Todo lo que se hace es realizado por el «yo soy», y tú estás más allá de él.

¿Por qué decir «he hecho esto» o «he hecho aquello»? A medida que te establezcas en el «yo soy» no verbal, pronto te darás cuenta de que es el «yo soy» el que realiza las acciones.

No identificarse con el «autor» de los hechos es otra técnica aconsejable para establecerse en el puro «yo soy» e ir más allá de él. En realidad, es el «yo soy» el que actúa, pero debido a tu condicionamiento crees que eres tú el autor de las acciones.

212. Ten cuidado para que el «yo soy» no se extienda sobre tu naturaleza original y te brinde la falsa sensación de que tú eres el autor de las acciones.

Desde luego, este camino es muy resbaladizo, incluso para los discípulos avanzados. Tras comprender el «yo soy» no verbal y establecerte en él, es posible que captes instantáneas de tu verdadera naturaleza original, y aquí el gurú te advierte de que estés muy alerta. ¿Por qué habrías de estarlo? Porque es muy difícil acabar por completo con el «yo soy». Con absoluta rapidez y sigilo puede volver a renacer sobre tu naturaleza original y atraparte de nuevo. Poco después comenzarás a creer que eres tú quien realiza las acciones. Esto te conducirá de nuevo al punto de partida y echará por tierra los progresos que habías realizado.

213. Cuando el «yo soy» se vuelve puro —es decir, cuando deja de contener «yo soy esto o aquello»— te conviertes en Ishwara (Dios).

Tienes que retornar al «yo soy» tal como surgió en ti por primera vez y al breve periodo que siguió, cuando el «yo soy» permanecía incontaminado.

Durante ese periodo el «yo soy» no tenía adjuntos o añadidos como «esto» o «aquello»; era la fase pura del «yo soy». Ya pasaste por ese periodo en tu vida y no hay motivo por el que no puedas revivirlo.

Tan solo se trata de que comprendas el «yo soy», aplicándote en ello y permaneciendo en él. Si lo haces, te convertirás en Ishwara (Dios) y tendrás la oportunidad de trascenderlo y convertirte en el Parameshwar (el Dios último o el Absoluto).

214. La conciencia «yo soy» te llega solamente porque existe algo más antiguo o temprano en ti sobre lo que surge el «yo soy».

Por favor, reflexiona y medita sobre estas preguntas: ¿a quién le llegó el «yo soy»? ¿Quién había antes de la llegada de la conciencia «yo soy»? Cuando medites, te darás cuenta de que tuvo que haber algo más antiguo o anterior al «yo soy» sobre lo que el «yo soy» pudo surgir. Cuanto más tiempo pases en el «yo soy» no verbal, más fuerte será tu convicción en cuanto a este «algo» anterior al «yo soy». Al final, este «algo» se convertirá en tu meta, en aquello en lo que centrarte, porque es tu verdadera naturaleza Absoluta.

215. *El intervalo entre el comienzo del «yo soy» (el nacimiento o el despertar) y el momento en que lo vuelves a perder (la muerte o el sueño profundo) es lo que llamamos tiempo.*

El concepto mismo de tiempo está basado en la aparición y desaparición del «yo soy». Al intervalo que hay entre la llegada y la partida del «yo soy» desde el nacimiento hasta la muerte lo llamamos vida, mientras que al espacio que hay entre el despertar y el dormir lo llamamos día. En consecuencia, dices que «su vida ha llegado a su fin» o que «es el final del día». Es el «yo soy» unido a la memoria el que da la continuidad (o la sensación de continuidad) a tu vida.

216. *La misma conciencia «yo soy» es una ilusión. Por lo tanto, todo lo que se ve a través de esta ilusión no puede ser real.*

La conciencia «yo soy» es la esencia de los cinco elementos y las tres cualidades que conforman cuerpo y mente. Como ya sabemos, el cuerpo y la mente son impermanentes y pueden ser destruidos; el «yo soy» se basa en ellos para poder expresarse. Así pues, ya que el «yo soy» puede ser destruido y es dependiente de algo, no es posible que sea la Realidad final, la cual es indestructible e independiente. Puesto que la conciencia «yo soy» es irreal, una ilusión, todo lo que vemos o conocemos es ilusorio, ya que lo vemos o conocemos a través del «yo soy».

217. *Cuando Krishna dice: «Yo recuerdo todas mis vidas pasadas», quiere decir el «yo soy», que es la conciencia fundamental que se halla detrás de todo nacimiento. «Yo soy tal o cual» no existe.*

Krishna es el Absoluto o Parabrahmán, tu verdadera identidad. En el Bhagavad Gita, afirma que recuerda todas sus vidas anteriores. La implicación de sus palabras es que recuerda el «yo soy», el principio de todo nacimiento, y no que era tal o cual persona. El «yo soy» surgió y luego desapareció en él como principio fundamental de todo nacimiento. Aunque las personalidades cambian en función de los cinco elementos y las tres cualidades y también por las circunstancias, el «yo soy» permanece inmutable, sin cambios.

218. No estás siempre en contacto con el «yo soy»; este no es permanente. Cuando no percibes el «yo soy», ¿«quién» no lo percibe?

Como Absoluto o Parabrahmán, no estás siempre en contacto con el «yo soy», el cual aparece y desaparece durante la vida; no es permanente. El «yo soy» en su inicio está latente, hasta que hace su aparición, y durante el sueño permanece retraído, pero está siempre allí, en el trasfondo. Además, por regla general no te das cuenta del «yo soy» sencillamente porque estás absorbido por el «yo soy» más esto o lo otro. Los añadidos al «yo soy» hacen que olvides la pureza del «yo soy» y así sigues viviendo, como si de un sueño se tratara. El gurú te pide ahora que desciendas al «yo soy» en su forma pura no verbal, incipiente, y que te asientes en él. Durante el periodo en que permaneces en él, el «yo soy» desaparece, o tú no lo percibes. Pero, entonces, ¿quién es el que no lo percibe? Tiene que haber un principio permanente en el fondo que lo engulló y lo hizo desaparecer.

219. El «yo soy» posee un enorme poder: todas las manifestaciones vienen de él. Ve al estado «yo soy», permanece ahí, fúndete con él y ve más allá de él.

Observa el gran poder del «yo soy»: hace que todo el mundo siga funcionando, ha generado todas las manifestaciones, su perpetua terquedad es alucinante. Para liberarte de él, tienes que comprenderlo en su más absoluta pureza y luego meditar en él durante un tiempo razonablemente largo. La intensidad de tu meditación debería ser tal que te hagas uno con el «yo soy». Entonces llegará el momento en que se fundirá en sí mismo y tú irás más allá de él, hasta tu verdadera naturaleza, que es el Absoluto o Parabrahmán.

220. El «yo soy» es el gurú que ha tomado cuerpo, que es observado por el Ser o el Satguru en ti, que es inmanifiesto y no puede manifestarse.

El «yo soy» se halla en todos y en todo. Es la base o principio fundamental de todo lo que percibes. Debes considerarlo como el gurú, el Dios, el guía que te conducirá al Ser o al Satguru (el gran Gurú). Es el Satguru o el Ser el que es testigo del «yo soy» (también llamado «el gurú del cuerpo»). El Satguru es el Absoluto o Parabrahmán que siempre está ahí pero que nunca se manifiesta.

221. El «yo soy» en su pureza es turiya *(el cuarto estado), pero yo soy un* turiyatita*. Me encuentro más allá de* turiya*; estoy viviendo en la Realidad.*

Al describir su propio estado o punto de vista, Maharaj simplifica grandemente sus enseñanzas; no se podría expresar de manera más sencilla. Hay que comprender el «yo soy» en su pureza en el instante mismo en que surge sin palabras. Esto se puede realizar bien recordando el momento en que surgió, aproximadamente a la edad de tres años, o bien tratando de atraparlo en el instante del despertar del sueño profundo. Este estado puro es el *turiya* o cuarto estado, que está siempre ahí, en el trasfondo, y sobre el que se apoyan los otros tres estados: la vigilia, el soñar y el sueño profundo. Al llegar y permanecer en el *turiya* o cuarto estado, puedes ir más allá de este, convertirte en un *turiyatita* y vivir como el Absoluto o Parabrahmán, que es la Realidad.

222. La repetición de un mantra te conduce al puro «yo soy», donde todo el conocimiento se rinde. Allí te fundes con el Absoluto, que está más allá de todo nombre y toda forma.

Japa, la consciente repetición durante largo tiempo de un mantra, como por ejemplo *So Ham* («Yo soy Eso») o *Aham Brahmasmi* («Yo soy Brahmán»), te conduce al estado del puro «yo soy». Al permanecer en el «yo soy» llega un instante en que incluso hay que rendir este último bastión de la conciencia que es el «yo soy» en estado puro.

Cuando el «yo soy» desaparece, te fundes en tu naturaleza original (también podría decirse que entras en tu naturaleza original), la cual es el Absoluto; se encuentra más allá de todo nombre y de toda forma.

223. Si residieras en el «yo soy» y te asentases firmemente en él, todas las cosas externas perderían su dominio sobre ti.

Lo externo ejerce un fuerte dominio sobre nosotros, hasta tal punto que son poquísimas las personas a quienes se les podría siquiera ocurrir que todo es falso.

Solamente estos pocos, aquellos en quienes se ha despertado la urgencia por lo eterno e infinito, son los que comienzan una profunda búsqueda. Si a tal aspirante le sonríe la fortuna, se topará con un verdadero gurú que pondrá fin a su búsqueda.

Para que el aspirante pueda desembarazarse de todo lo externo, el gurú trata de hacerle entender la importancia de la conciencia «yo soy» previa a las palabras. Entonces le pide que se asiente firmemente en el «yo soy»; en esto consistirá su *sadhana*. Si comprende adecuadamente las enseñanzas y sigue los consejos del gurú, es seguro que tendrá éxito.

*224. No existe nadie más que «yo» o el «yo soy». Esta devoción no dualista (***advaita-bhakti***) es la más elevada para lograr desaparecer y perderse en la inmensidad de lo desconocido.*

Tienes que meditar en la conciencia «yo soy» hasta que desarrolles la fuerte convicción de que no existe nada más que el «yo» o el «yo soy». Quedar completamente imbuido por la conciencia «yo soy» es entrar en el *turiya* o cuarto estado, y esto representa la devoción no dual más elevada. Debes sumergirte completamente en la devoción al «yo soy», hasta que te conviertas en él. Y ¿qué ocurrirá cuando practiques esta intensa devoción no dualista? Desaparecerás; te perderás en lo desconocido y te convertirás en el Absoluto.

225. Investiga por completo la aparición y la desaparición del «yo soy». ¿Lo deseabas, o sencillamente surgió?

Una vez que el gurú te ha hecho comprender la importancia de la conciencia «yo soy» no verbal, tienes que investigarla por completo por tu propia cuenta. Para lograrlo, debes meditar sobre el mensaje constante del gurú. Ya que la comprensión, la meditación y la convicción van juntas, surge la importante pregunta sobre la aparición y desaparición del «yo soy». Esta pregunta se formularía de esta manera: el «yo soy» ¿surgió por tu deseo o volición? ¿Fue un proceso que tuvo que ver con tu voluntad? Si has comprendido correctamente el «yo soy», tu respuesta será que vino y se fue espontáneamente, por su cuenta. Esto asestará un golpe a la creencia que tienes de que eres el «autor» de cualquier cosa; puede que incluso acabe con dicha creencia.

226. El «yo soy» es el único capital que posees. Establécete en él.
El sello de identidad de Nisargadatta Maharaj es su sencillez. Afirma con toda claridad que la conciencia «yo soy» es todo el apoyo con el que cuentas, el único capital del que dispones. La herencia del «yo soy» te llegó espontáneamente, por su cuenta y riesgo, sin que tuvieras que realizar ningún esfuerzo por tu parte.

Intenta comprender su importancia y utilízala de la mejor manera posible.

Sencillamente, asiéntate en el «yo soy»; no se necesita nada más. ¿Por qué? Muy sencillo, porque el resto vendrá por añadidura. Si permaneces firmemente establecido en el «yo soy», llegará el momento en que estará satisfecho contigo y te liberará de su yugo.

227. El «yo soy» se encuentra a corta distancia del verdadero estado. De ahí que sea irreal, ya que todo lo que está alejado del estado verdadero o Realidad es irreal.
Podría considerarse el «yo soy» como el último campamento de altura en la escalada de la cima de la Realidad. Una vez que estás estabilizado en el «yo soy» o estado de *turiya*, tu trabajo ha terminado.

Este estado, aunque se encuentre muy cerca de la Realidad o el Absoluto, todavía hay que considerarlo irreal. El «yo soy» no puede quedar en su estado normal; debe desaparecer o fundirse en el Absoluto o Parabrahmán. Solo entonces se le puede identificar con la Realidad.

228. El yoga y todo el resto de prácticas actúan en la conciencia del «yo soy», que en sí misma es una ilusión. Todo lo que ocurre en esta ilusión es relativo y se encuentra limitado por el tiempo.

Comprender la conciencia «yo soy» como el origen y la fuente de todo es de vital importancia. Cualquier actividad que lleves a cabo, sea tu trabajo diario, sea yoga o cualquier otra práctica, todo llega a través del «yo soy». Este «yo soy» que ha aparecido en ti es una ilusión; es el comienzo del tiempo y un día acabará.

Todas las actividades se basan en la dualidad y en la duración; de ahí que sean relativas, se encuentren limitadas en el tiempo y nunca nos acerquen a la Realidad. La conciencia «yo soy» es lo más cercano a la Realidad, de modo que compréndela bien y permanece en ella.

229. El primer paso es acudir al «yo soy» y permanecer en él. Desde ahí vas más allá de la consciencia y la no consciencia, hasta el infinito Absoluto, que es el estado perenne.

Tras comprender el «yo soy», el primer paso que se tiene que dar es asentarse en él. Debes residir en el «yo soy» dejando totalmente de lado la idea de «cuerpo». Percibe el «yo soy» en su pureza no verbal y permanece en él durante el tiempo suficiente. Si lo haces así, llegará un momento en que irás más allá de la consciencia o «yo soy» y también de la no consciencia o «no soy». Cuando esto ocurra, te fundirás con tu naturaleza original, el Absoluto, que es un estado permanente.

230. Tú eres la Realidad que está más allá del «yo soy»; Tú eres Parabrahmán. Medita acerca de esto y recuérdalo. Al final, esta idea también te abandonará.

Sri Nisargadatta ha intentado, de todas las maneras posibles, hacerte comprender la conciencia «yo soy». Una vez que la entiendes, te aconseja que permanezcas ahí y luego la trasciendas, es decir, que vayas más allá del «yo soy» hasta la Realidad que eres. El gurú ahora te está mirando a ti; te apunta con el dedo y te dice: «¡Eh, mira! Tú eres Parabrahmán!». Esta es como la última llamada a despertarse. Te toma por los brazos y te zarandea, diciendo: «¡Venga! Ya no te lo puedo poner más claro. ¡Escucha lo que te digo! Medita en ello hasta que incluso esta idea se disuelva y te conviertas en lo que realmente eres. Esto es lo que yo deseo que seas».

231. Comprende el «yo soy», trasciéndelo y únete al Absoluto. Nadie hasta ahora ha expuesto esta profunda enseñanza de manera tan sencilla.

Cada día ves el amanecer y el atardecer en el horizonte, pero ¿tiene esto lugar realmente? ¿Existe de verdad el horizonte? Puedes intentar aproximarte a él, pero nunca lo alcanzarás. El surgimiento y la desaparición del «yo soy» es como el amanecer y el ocaso: solo parece que ha ocurrido en el horizonte, pero en realidad no lo ha hecho. Desde el punto de vista del sol, que está situado aparte, nunca hay un amanecer o un ocaso. Él está siempre ahí, brillando sin cesar en su gloria magnánima. Esto ha sido una metáfora o analogía para ayudarte a entender el «yo soy».

El gurú ha insistido una y otra vez en la importancia de comprender el «yo soy». Esta comprensión es la base para la práctica (*sadhana*) que ha de seguirla, que consiste solamente en permanecer en el «yo soy»; o, dicho de otro modo, consiste en que el «yo soy» medite sobre sí mismo. Esto es todo lo que hay que hacer; nada más. Si lo haces correctamente y perseveras en ello, llegarás a tu destino final: el Absoluto o Parabrahmán. Desde luego, esta profunda enseñanza no podría haberse explicado de un modo más sencillo.

Epílogo

Como se ve, Pradeep Apte ha dejado el Epílogo vacío a propósito.

Notas

1. Pradeep Apte puede estar refiriéndose a Swami Ramdas (1884-1963), que en 1922 encontró a Ramana Maharshi en Tirunavamalai; este encuentro cambió su vida, que a partir de ahí dedicó a ser un sabio-mendigo, o bien a Swami Samarth Ramdas, gran santo del siglo XVII que escribió un libro de gran influencia en toda la espiritualidad hindú: *Dashbod* (o *Dashboda*). Hay que añadir que *Dashbod* era el libro espiritual favorito de Sri Siddharameshwar Maharaj, gurú de Nisargadatta Maharaj.
2. Swami Jnaneshwara, también conocido como Jnandev (a veces transliterado Nandev), fue otro santo y poeta maratí del siglo XIII. Su comentario sobre el Bhagavad Gita en maratí todavía es importante. Aún hoy, especialmente en Maharastra, la gente conoce sus poemas de memoria.
3. Cito todos los libros en su traducción española. Editorial Sirio, Editorial Kairós y Editorial Sanz y Torres han publicado muchos de ellos. En inglés algunos se pueden conseguir como libros electrónicos en formato PDF gratis. S. K. Mullarpattan y los otros

traductores e intérpretes directos de Maharaj nos han dicho que su uso del maratí en las conversaciones era muy directo, salpicado de frases coloquiales. Es por esto por lo que al traducir empleo «tú», «tuyo», etcétera, para mantener lo directo del mensaje.
4. En la tradición védica, los cinco elementos son tierra, agua, aire, fuego y espacio.
5. Las tres cualidades a veces se mencionan con la palabra sánscrita *gunas* («las tres *gunas*»). Las tres cualidades son *sattwa* (pureza-bondad), *rajas* (pasión-actividad) y *tamas* (oscuridad-pereza).
6. Parabrahmán es un término sánscrito que designa lo que está más allá de Brahmán, es decir, el Absoluto, lo más elevado.
7. Según la tradición hindú, la palabra *gurú* no solo designa a un maestro; también es quien disipa la oscuridad y, por tanto, es quien muestra la luz al discípulo.
8. *Aham-brashmasmi*: «Yo soy Brahmán». Para muchos hindúes es un mantra sagrado. *Soham* (también, en este libro, transliterado *So Ham*): «Yo soy Eso/Él/Dios». Se utiliza asimismo como mantra. Es, además, el mantra de regulación de la respiración.
9. En la gran pirámide de los dioses hindúes, Ishwara es el dios supremo. Es especialmente sagrado para los shivaítas, para quienes representa a Shiva.
10. *Balkrishna* indica la conciencia del niño Krishna. En los primeros años de enseñanza era una palabra clave para Nisargadatta Maharaj; indicaba el amor más puro.
11. *Samadhi*: estado de absorción en la meditación. Estado no dual de la consciencia.
12. *Vasanas*: tendencias latentes en el carácter de la persona y que influyen sobre su comportamiento actual. En la tradición hindú están relacionadas con el karma del pasado.
13. Pradeep Apte se está refiriendo a la India.
14. *Jnani y jnana: jnana* es conocimiento, pero no el conocimiento de las cosas, sino el conocimiento supremo, es decir, el conocimiento de la Realidad o de la divinidad. *Jnani* es quien ha llegado a este conocimiento.

Índice

Nota introductoria 7
Prólogo 11
Nisargadatta Gita: El canto de Sri Nisargadatta Maharaj 23
Epílogo 133
Notas 135